L'Apocalypse de Baruch

Traduction originale du texte en
syriaque par R.H. Charles (1896)
traduction française par P.-J. Ollivier (2024)

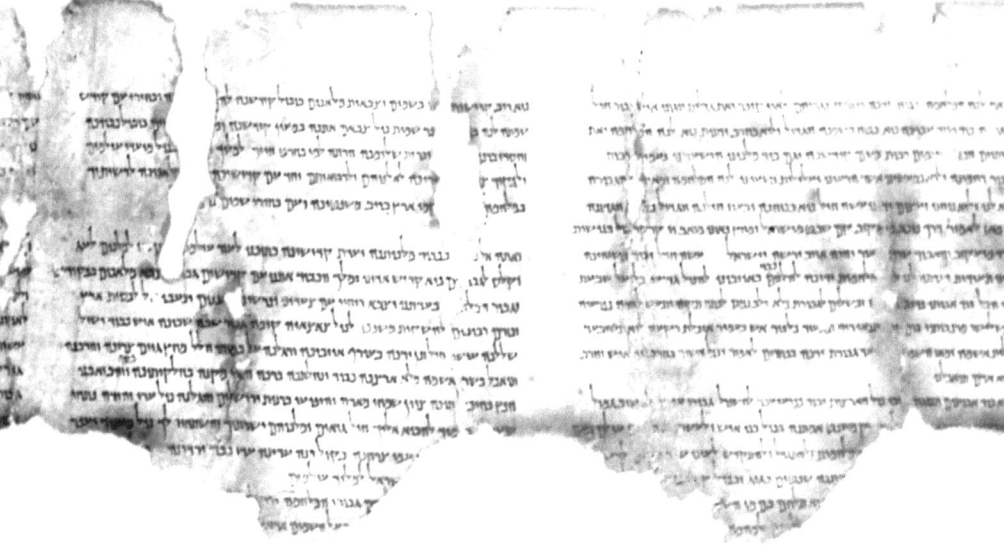

AVERTISSEMENT AU LECTEUR

La graphie originale du manuscrit de Baruch a été conservée (les **retours à la ligne** notamment)

Le texte en **caractères gras** indique une correction ou une modification apportée au texte original retrouvé dans la grotte de Qumran. Ces modifications peuvent avoir été faites par l'auteur lui-même lors d'une révision ultérieure, ou par un éditeur ou un traducteur cherchant à améliorer la clarté ou la précision du texte.

Les crochets [ ] sont utilisés pour encadrer des passages ou des mots qui ne sont pas de la main de l'auteur original du livre. Ces ajouts peuvent provenir de commentateurs, de traducteurs ou d'éditeurs ultérieurs qui ont jugé nécessaire d'apporter des précisions ou des explications supplémentaires au texte d'origine.

Les parenthèses ( ) sont employées pour insérer quelque chose qui a été ajouté pour plus de clarté, mais qui n'appartient pas au texte original. Ces insertions peuvent inclure des explications brèves, des traductions de termes étrangers, ou des informations contextuelles jugées utiles pour le lecteur moderne.

Les chevrons < > sont utilisés pour indiquer une restauration du texte. Cette notation est particulièrement utile dans le cas de passages endommagés, où certains mots ou passages ont pu être perdus ou rendus illisibles avec le temps. Les chevrons entourent alors les mots ou phrases que les chercheurs ou les éditeurs ont reconstitués en se basant sur le contexte, des fragments restants, ou d'autres sources historiques.

© 2024, Baruch (domaine public)
© 2024, P.-J. Ollivier (Culturea editions) pour la traduction
Édition : BoD • Books on Demand GmbH, In de Tarpen 42, 22848 Norderstedt (Allemagne)
Impression : Libri Plureos GmbH, Friedensallee 273, 22763 Hamburg (Allemagne)
ISBN : 978-2-3225-3863-8
Dépôt légal : Août 2024

L'APOCALYPSE DE BARUCH

(TRADUIT DU GREC EN SYRIAQUE)

I. I-IV. I. Annonce de la destruction prochaine de Jérusalem à Baruch.

I. La vingt-cinquième année de Jeconia, roi de Juda, la parole de l'Éternel fut adressée à Baruch, fils de Nérija, et il lui dit : **2.** "As-tu vu tout ce que ce peuple me fait, que les maux qu'ont commis les deux tribus qui sont restées sont plus grands que ceux des dix tribus qui ont été emmenées en captivité ? **3.** En effet, les premières tribus étaient contraintes par leurs rois à commettre le péché, mais ces deux-là ont elles-mêmes contraint et forcé leurs rois à commettre le péché. **4.** C'est pourquoi voici, je fais venir le malheur sur cette ville et sur ses habitants ; elle s'éloignera de moi pour un temps, et je disperserai ce peuple parmi les nations, afin qu'il fasse du bien aux nations. **5.** Mon peuple sera châtié, et le temps viendra où il recherchera la prospérité de son temps.

II. "Je t'ai dit ces choses afin que tu puisses demander à Jérémie et à tous ceux qui lui ressemblent de se retirer de cette ville. **2.** Car vos oeuvres sont pour cette ville comme une colonne solide, et vos prières comme une muraille forte."

III. Et je dis : "Seigneur, mon Seigneur, suis-je venu au monde pour voir les maux de ma mère ? **2.** Si j'ai trouvé grâce à Tes yeux, prends d'abord mon esprit, afin que j'aille vers mes pères et que je ne voie pas la ruine de ma mère. **3.** Car deux choses me contraignent avec véhémence : je ne peux pas Vous résister, et mon ne peut pas non plus voir les maux de ma mère. **4.** Mais je dirai une chose en ta présence, Seigneur. *5.* Car si tu détruis ta ville et si tu livres ton pays à ceux qui nous haïssent, Comment se souviendra-t-on encore du nom d'Israël ? 6. Comment parlera-t-on de tes louanges ? A qui expliquera-t-on ce qui est dans ta loi ? 7. Le monde retournera-t-il à sa nature d'autrefois, et l'âge au silence primitif ? 8. La multitude des âmes sera-t-elle **enlevée**, et la nature de l'homme ne sera-t-elle plus nommée ? 9. Et où est tout ce que Tu as dit à Moïse à notre sujet ?

IV. Le Seigneur me dit :

- *Cette ville sera livrée pour un temps,*
Le peuple sera châtié pendant un temps, Et le monde ne sera pas livré à l'oubli.

IV. 2-7. **La Jérusalem céleste.**

2. [Ne pensez-vous pas que c'est une ville dont j'ai dit : "Je t'ai gravée sur les paumes de mes mains" ? 3) Ce bâtiment construit maintenant au milieu de vous n'est pas ce qui a été révélé avec moi ; ce qui a été préparé d'avance ici depuis le moment où j'ai pris conseil pour faire le Paradis et l'ai montré à Adam avant qu'il ne pèche, mais lorsqu'il a transgressé le commandement, il a été éloigné de lui, ainsi que le Paradis. **4.** Après cela, je l'ai montré à mon serviteur Abraham, de nuit, parmi les portions des victimes. *5.* Je l'ai aussi montré à Moïse, sur le mont Sinaï, lorsque je lui ai fait voir le tabernacle et tous ses ustensiles. **6.** Et maintenant, voici qu'il est conservé auprès de Moi, ainsi que le Paradis. **7.** Va donc, et fais ce que je t'ordonne"].

V. 1-7. La plainte de Baruch et l'assurance de Dieu.

V. J'ai répondu et j'ai dit :
" Je suis donc destiné à pleurer Zion,
Car tes ennemis viendront dans ce lieu et souilleront ton sanctuaire,
Et de mener ton héritage à la captivité,
Et se rendent maîtres de ceux que tu as aimés ;
Ils retourneront au lieu de leurs idoles, Et ils se glorifieront devant elles.
Et que ferez-vous pour **votre** grand nom ?"
2. Le Seigneur me dit :
" Mon nom et ma gloire ont une durée éternelle ;
Et mon jugement maintiendra son droit en son temps.
3. Et tu verras de tes yeux
L'ennemi ne renversera pas Sion, Il ne
brûlera pas Jérusalem,
Mais soyez les ministres du Juge pour le moment.
4. Mais toi, va, et fais tout ce que je t'ai dit.
5. J'allai prendre Jérémie, Adu, Sériah, Jabisch, Guédalia, et tous les notables du peuple ; je les conduisis dans la vallée de Cédron, et je leur racontai tout ce qui m'avait été dit. 6. Ils élevèrent la voix, et tous pleurèrent. 7. Nous restâmes là, assis, et nous jeûnâmes jusqu'au soir.

VI. I-VIII. 5. Invasion des Chaldéens.

VI. Le lendemain, l'armée des Chaldéens encercla la ville. Le soir, moi, Baruch, je quittai le peuple, je sortis et je me tins près du chêne. **2.** Je m'affligeais sur Sion, et je me lamentais sur la captivité qui était arrivée au peuple. **3.** Et voici, tout à coup un esprit puissant me souleva, et m'a porté au-dessus de la muraille de Jérusalem. **4**. Je regardai, et voici quatre anges qui se tenaient aux quatre coins de la ville, chacun d'eux tenant à la main une torche de feu. **5**. Un autre ange descendit du ciel, et leur dit : "Tenez vos lampes, et ne les allumez pas avant que je vous le dise. **6**. Car je suis envoyé d'abord pour dire une parole à la terre, et pour y mettre ce que le Seigneur le Très-Haut m'a ordonné." **7**. Je le vis descendre dans le Saint des Saints, et enlever de là le voile, l'**arche** sainte, le propitiatoire, les deux tables, les vêtements sacrés des sacrificateurs, l'**autel des parfums**, les quarante-huit pierres précieuses dont le sacrificateur était orné, et tous les ustensiles sacrés du tabernacle. **8**. Et il parla à la terre d'une voix forte :

"Terre, terre, terre, écoutez la parole du Dieu puissant, Et recevez ce que je vous confie,
Et garde-les jusqu'aux derniers temps,
Afin que, lorsque tu en auras reçu l'ordre, tu puisses les rétablir,
Afin que des étrangers ne puissent pas s'en emparer.
9. Car le temps vient où Jérusalem aussi sera livrée pour un temps   ,
Jusqu'à ce qu'il soit dit qu'elle est rétablie pour toujours.
10. La terre ouvrit la bouche et les engloutit".

VII. Après cela, j'entendis l'ange qui disait aux anges qui tenaient les lampes :

"Détruisez donc et renversez ses murailles jusqu'à leurs fondements, afin que l'ennemi ne se glorifie pas et ne dise pas : Nous avons renversé le mur de Sion,
Et nous avons brûlé la place du Dieu puissant".
2. Vous vous êtes emparés de la place où je me tenais auparavant.

VIII. Les anges firent ce qu'il leur avait ordonné, et lorsqu'ils eurent brisé les angles des murs, on entendit de l'intérieur du temple, après la chute du mur, une voix qui disait :
2. "Entrez, ennemis,
Et venez, adversaires ;
Car celui qui gardait la maison l'a abandonnée.
3. Et moi, Baruch, je partis. **4.** Après cela, l'armée des Chaldéens entra dans la maison et s'en empara, avec tout ce qui l'entourait. **5.** Ils emmenèrent le peuple, en firent mourir quelques-uns, lièrent le roi Sédécias, et l'envoyèrent au roi de Babylone.

IX. I-XII. 4. Premier jeûne. Voyage de Baruch sur Jérusalem.

IX. Moi, Baruch, j'arrivai, ainsi que Jérémie, dont le coeur avait été trouvé pur de tout péché, et qui n'avait pas été capturé lors de la prise de la ville. **2.** Nous déchirâmes nos vêtements, nous pleurâmes, nous prîmes le deuil, et nous jeûnâmes pendant sept jours.

X. Au bout de sept jours, la parole de Dieu me fut adressée et me dit : **2.** "Dites à Jérémie d'aller soutenir la captivité du peuple à Babylone. **3.** Mais toi, reste ici au milieu de la désolation de Sion, et je te montrerai après ces jours ce qui arrivera à la fin des jours." **4.** Je répondis à Jérémie comme le Seigneur me l'avait ordonné. **5.** Lui, en effet, partit avec le peuple, mais moi, Baruch, je revins, je m'assis devant les portes du temple, et je me lamentai sur Sion avec la complainte suivante, en disant :

6. " Heureux celui qui n'est pas né,
   ou qui, étant né, est mort !
7. Mais nous, les vivants, nous sommes
   malheureux, Parce que nous voyons
   les souffrances de Sion, Et le malheur
   de Jérusalem.

8. J'appellerai les Sirènes de la mer,
Et vous, Lilin, venez du désert,
Et vous, Shedim et dragons des forêts :
Réveillez-vous et ceignez vos reins pour le deuil, Et reprenez avec moi les chants,
Et pleurez avec moi.
9. Vous, les cultivateurs, ne semez pas à nouveau ;
Et toi, terre, pourquoi donnes-tu les fruits de ton travail ?
Gardez en vous les douceurs de votre subsistance.
10. Et toi, vigne, pourquoi donnes-tu encore ton vin ?
Car il n'y aura plus d'offrande de ce vin en Zion,
On n'offrira plus de prémices.
11. Cieux, retenez votre rosée,
N'ouvrez pas les trésors de la pluie ;
12. Et toi, ô soleil, retiens-tu la lumière de tes rayons ?
Et toi, ô lune, tu éteins la multitude de ta lumière ;
Pourquoi la lumière se lèverait-elle à nouveau
Où la lumière de Sion est obscurcie ?
13. Et vous, les fiancés, n'entrez pas,
Que les épouses ne se parent pas de guirlandes, Et que les femmes ne prient pas pour enfanter.
14. Car la stérile se réjouit davantage,
Ceux qui n'ont pas de fils se réjouiront,
Et ceux qui ont des fils seront dans l'angoisse.
15. Car pourquoi supporter la douleur pour l'enterrer dans le chagrin ?
16. Ou encore, pourquoi l'humanité devrait-elle avoir des fils ?
Ou pourquoi nommer à nouveau la semence de leur nature,
Là où cette mère est désolée,
Et ses fils sont emmenés en captivité ?

17. Désormais, ne parlez plus de beauté, ne discutez plus de grâce.
18. Sacrificateurs, prenez les clefs du sanctuaire,
Jetez-les dans les hauteurs du ciel,
Donnez-les à l'Éternel, et dites :
Gardez vous-même votre maison,
Car voici que nous sommes trouvés de faux intendants.
19. Et vous, vierges, qui filez le fin lin
Et la soie avec l'or d'Ophir,
Hâtez-vous de prendre toutes choses et de les jeter au feu,
Afin qu'elle les porte à Celui qui les a faites, Et que la flamme les envoie à Celui qui les a créées, De peur que l'ennemi ne s'en empare".
XI. Et moi, Baruch, je dis contre toi, Babylone : "Si tu avais prospéré !
Et Sion a vécu dans sa gloire,
Nous aurions été très peinés que tu sois l'égal de Sion.
2. Mais maintenant, voici que le Chagrin est infini,
Et la lamentation sans mesure,
Car voici que tu es prospère
Et Sion est dévastée.
3. Qui sera juge de ces choses ?
Ou bien auprès de qui nous plaindrons-nous de ce qui nous est arrivé ?
Seigneur, comment l'avez-vous supporté ?
4. Nos pères se sont endormis sans douleur,
Et voici que les justes dorment en paix sur la terre ;
5. Car ils ne connaissaient pas cette angoisse,
Ils n'avaient pas encore entendu parler de ce qui nous était arrivé.
6. Si tu avais des oreilles, ô terre, Et si tu avais un coeur, ô poussière !

Afin que vous alliez annoncer dans le séjour des morts, Et que vous disiez aux morts :
7. Heureux êtes-vous plus que nous qui vivons !
XII. Mais je dirai ceci au fur et à mesure que je réfléchis ; Je parlerai contre toi, pays prospère.
2. Le midi ne brûle pas toujours ; Les rayons constants du soleil ne donnent pas non plus toujours de la lumière.
3. Ne vous attendez pas [et n'espérez pas] à ce que vous soyez toujours prospère et joyeux ; Et ne vous laissez pas aller à l'**orgueil** et à la **vantardise** ;
4. Car, en son temps, la colère s'éveillera contre toi, qui, par sa longanimité, est comme retenu par des rênes.

XII. 5-XIII. 12. **Deuxième jeûne. Jugement sur les païens.**

5. Après avoir dit cela, je jeûnai pendant sept jours.

XIII. Après cela, je me trouvais, moi Baruch, sur la montagne de Sion, et voici qu'une voix vint des hauteurs et me dit : 2. "Tiens-toi sur tes pieds, Baruch, et écoute la parole du Dieu puissant,
3. Parce que tu as été étonné de ce qui est arrivé à Sion, tu seras préservé jusqu'à la consommation des temps, afin d'être un témoignage.
4. Si jamais ces villes prospères disent : "Pourquoi le Dieu puissant a-t-il fait venir sur nous ce châtiment ?" 5. dis-leur, toi et ceux qui, comme toi, auront vu ce mal : "C'est le mal et le châtiment qui vient sur vous et sur votre peuple en son temps, afin que les nations soient complètement **frappées**". 6. Et **ils seront dans l'angoisse**. 7. Et s'ils disent alors : **"Jusqu'à quand ?"** 8. Tu leur diras :

"Vous qui avez bu le vin filtré,
Buvez aussi de sa lie,
Le jugement du Très-Haut qui
n'a pas d'égards pour les personnes".
9. C'est pourquoi il n'a pas eu de pitié pour ses propres fils,
Mais il les a affligés comme ses ennemis, parce qu'ils avaient péché.
10. Ils ont donc été châtiés, afin d'être sanctifiés.
11. Mais maintenant, peuples et nations, vous êtes coupables,
Car depuis tout ce temps vous foulez la terre,
Et vous usez injustement de la création.
12. Car je vous ai toujours été bénéfique ; et vous vous ai toujours trouvé ingrats et vous bvousatoujours

XIV. I-XIX. 8. Les jugements de Dieu sont incompréhensibles.

XIV. Je répondis : "Voici ! Tu m'as fait connaître la marche des temps et ce qui doit arriver après ces choses, et Tu m'as dit que le châtiment dont Tu as parlé s'abattrait sur les nations. **2.** Je sais maintenant que ceux qui ont péché sont nombreux, qu'ils ont vécu dans la prospérité et qu'ils ont quitté le monde, mais qu'il restera peu de nations en ces temps-là, à qui l'on dira les paroles que tu as dites. **3.** En effet, quel avantage y a-t-il à cela, et quel mal, pire que celui que nous avons vu nous arriver, devons-nous espérer voir ? **4.** Mais je parlerai encore en ta présence : **5.** Qu'ont-ils gagné, ceux qui ont eu de la connaissance avant toi, qui n'ont pas marché dans la vanité comme le reste des nations, qui n'ont pas dit aux morts : "Donne-nous la vie", mais qui t'ont toujours craint, et qui n'ont pas abandonné tes voies ? **6.** Et voici, ils ont été emportés, et ce n'est pas à cause d'eux qu'ils sont morts.

Tu as eu pitié de Sion. 7. Et si d'autres ont fait le mal, c'est à Sion qu'il est dû que, grâce aux oeuvres de ceux qui ont fait le bien, elle soit pardonnée, et qu'elle ne soit pas accablée par les oeuvres de ceux qui ont fait l'iniquité.
    8. Mais qui, ô Éternel, mon Seigneur, comprendra ton jugement ?
    Ou qui cherchera la profondeur de ton chemin ? Ou qui réfléchira au poids de ton chemin ?
    9. Ou qui sera capable de réfléchir à vos conseils incompréhensibles ?
    Qui, parmi ceux qui sont nés, a trouvé le commencement ou la fin de ta sagesse ?
10. Car nous avons tous été rendus semblables à un souffle. 11. Car, de même que le souffle monte involontairement et meurt ensuite, ainsi en est-il de la nature des hommes, qui ne partent pas selon leur propre volonté, et qui ne savent pas ce qui leur arrivera à la fin. 12. Car les justes espèrent avec raison la fin, et ils quittent sans crainte cette demeure, parce qu'ils ont auprès de toi une réserve d'oeuvres conservées dans des trésors. 13. C'est pourquoi ceux-ci, sans crainte, quittent ce monde, et, confiants, ils espèrent avec joie recevoir le monde que tu leur as promis. 14. Quant à nous, nous sommes maltraités, et nous nous attendons à des malheurs. 15. Vous savez exactement ce que vous avez fait par l'intermédiaire de vos serviteurs, car nous ne sommes pas capables de comprendre ce qui est bon comme vous l'êtes, notre Créateur. 16. Mais je parlerai encore en ta présence, ô Éternel, mon Seigneur. 17. Lorsqu'autrefois le monde et ses habitants n'existaient pas, tu as conçu et tu as parlé d'un mot, et aussitôt les oeuvres de la création se sont présentées devant toi. 18. Tu as dit que tu créerais pour ton monde l'homme comme administrateur de tes oeuvres, afin que l'on sache qu'il n'était pas du tout un homme.

fait à cause du monde, mais le monde à cause de lui. **19.** Je vois maintenant que le monde qui a été fait à cause de nous demeure, mais que nous, à cause de qui il a été fait, nous nous en allons.

XV. Le Seigneur me répondit : " Tu t'étonnes à bon droit du départ de l'homme ; mais tu n'as pas bien jugé des maux qui atteignent ceux qui pèchent. 2. Et quant à ce que tu as dit, que les justes sont emportés et que les impies sont favorisés,

3. Et en ce qui concerne ce que tu as dit : "L'homme ne connaît pas ton jugement"-4. C'est pourquoi écoute, et je te parlerai, et prête l'oreille, et je te ferai entendre mes paroles. 5. L'homme n'aurait pas bien compris Mon jugement s'il n'avait pas accepté la Loi et si Je ne l'avais pas instruit dans l'intelligence. 6. Mais maintenant, parce qu'il a transgressé sciemment, pour la seule raison qu'il l'a su, il sera tourmenté. 7. Quant à ce que tu as dit des justes, à savoir que c'est à cause d'eux que ce monde est venu, c'est aussi à cause d'eux que **viendra** ce qui est à venir. 8. Car ce monde est pour eux un combat et un labeur avec beaucoup de peine ; et celui qui doit venir, une couronne avec beaucoup de gloire.

XVI. Je pris la parole et dis : " Yahvé, mon Seigneur, voici que les années de ce temps sont peu nombreuses et mauvaises, et qui peut, en **son** peu de **temps**, acquérir ce qui est sans mesure ? ".

XVII. Le Seigneur me répondit : " Pour le Très-Haut, il n'est pas tenu compte de beaucoup de temps ni de quelques années. 2. Que sert-il à Adam d'avoir vécu neuf cent trente ans et d'avoir transgressé l'ordre qui lui avait été donné ? **3.** Le grand nombre d'années qu'il a vécues ne lui a donc pas profité, mais il a apporté la mort et a abrégé les années de ceux qui sont nés de lui. 4. Ou bien, en quoi Moïse a-t-il été lésé, puisqu'il n'a vécu que cent vingt ans, et qu'il a été soumis à celui qui l'a formé, a apporté la Loi à la race de Jacob, et a allumé une lampe pour la nation d'Israël...".

XVIII. Je répondis : " Celui qui a allumé a enlevé la lumière, et il n'y a que peu de gens qui l'ont imité. *2.* Mais ceux, nombreux, qu'il a éclairés ont pris des ténèbres d'Adam, et ne se sont pas réjouis de la lumière de la lampe."

XIX. Il me répondit : " C'est pourquoi, en ce temps-là, il établit pour eux une alliance, et dit :

Voici que je mets devant vous la vie et la mort,
Et il a appelé le ciel et la terre à témoigner contre eux.
2. Car il savait que son temps était court,
Mais que le ciel et la terre sont éternels.
3. Mais après sa mort, ils ont péché et transgressé,
Alors qu'ils savaient que la Loi les réprouvait,
Et la lumière dans laquelle rien ne peut
errer, ainsi que les sphères, qui
témoignent, et moi.

4. Pour ce qui est de tout ce qui est, c'est moi qui juge ; mais ne te livre pas à des réflexions sur ces choses dans ton âme, et ne t'afflige pas à cause de ce qui a été. 5. Car c'est l'achèvement du temps qu'il faut considérer, qu'il s'agisse d'affaires, de prospérité ou d'opprobre, et non son commencement. 6. Car si un homme est prospère dans ses débuts, et honteux dans sa vieillesse, il oublie toute la prospérité qu'il a eue. 7. De même, si un homme est maltraité dans ses débuts, et qu'à sa fin il soit heureux, il ne se souvient plus du mauvais traitement qu'il a subi. 8. Écoutez encore : si chacun était heureux pendant tout ce temps - depuis le jour où la mort a été décrétée contre les transgresseurs - et si, à la fin, il était anéanti, tout aurait été vain.

XX. 1-6. L'avènement du jugement.

XX. C'est pourquoi voici, les jours viendront,
Et les temps seront plus rapides que les premiers,
Et les saisons s'accéléreront plus que celles qui sont passées,
Et les années passeront plus vite que le présent.
2. C'est pourquoi j'ai enlevé Sion,
Afin que je puisse visiter plus rapidement le monde en son temps.
3. Maintenant, retiens dans ton cœur tout ce que je te prescris ,
Et scellez-le dans les recoins de votre esprit.
4. Je te montrerai le jugement de ma puissance, Et mes voies qui ne sont plus à découvrir.
5. Va donc, et sanctifie-toi pendant sept jours ; ne mange pas de pain, ne boit pas d'eau, et ne parle à personne. 6. Ensuite, viens en ce lieu, et je me révélerai à toi, je te parlerai franchement, et je te donnerai des instructions sur la marche des temps ; car ils viennent, et ils ne tardent pas.

XXI. 1-26. **Prière de Baruch, fils de Neriah.**

XXI. Je partis de là, et je m'assis dans la vallée du Cédron, dans une caverne de terre, et j'y sanctifiai mon âme ; je ne mangeai point de pain, mais je n'eus pas faim ; je ne bus point d'eau, mais je n'eus point soif, et je restai là jusqu'au septième jour, comme il me l'avait ordonné. **2.** J'arrivai ensuite au lieu où il m'avait parlé. **3.** Au coucher du soleil, mon âme se mit à réfléchir, et je commençai à parler devant le Puissant, et je dis : **4.** " Ô Toi qui as fait la terre, écoute-moi, qui as fixé l'étendue **par la parole**, et qui as affermi la hauteur des cieux par l'esprit, qui as appelé dès le commencement du monde ce qui n'existait pas encore, et ils t'obéissent. **5.** Toi qui as commandé à l'air par ton signe de tête, et qui as vu les choses à venir comme celles que tu fais. **6.** Tu gouvernes par de grandes pensées les puissances qui se tiennent devant Toi, et tu gouvernes avec indignation les saints êtres vivants, sans nombre, que Tu as faits dès le commencement, de flamme et de feu, et qui se tiennent autour de Ton trône. **7.** C'est à Toi seul qu'il appartient de faire sur-le-champ ce que Tu veux. **8.** Toi qui fais pleuvoir les gouttes de pluie en nombre sur la terre, et qui seul connais la consommation des temps avant qu'ils n'arrivent, sois attentif *à ma* prière, **9.** car Toi seul peux soutenir tous ceux qui sont, ceux qui sont passés, ceux qui sont à venir, ceux qui pèchent, et ceux qui **sont justes** [comme vivant (et) étant passé à la conclusion].

10. Car toi seul vis dans l'immortalité, tu n'as pas besoin d'être découvert et tu connais le nombre des hommes. **11.** Et si, dans le temps, beaucoup ont péché, d'autres, et non des moindres, ont été justes.

XXI. 12-18. **La dépréciation de cette vie par Baruch.**

12. Tu sais où tu conserves la fin de ceux qui ont péché, ou la consommation de ceux qui ont été justes. **13.** Car, s'il n'y avait que cette vie, qui appartient à tous les hommes, rien ne pourrait être plus amer que celle-ci.

14. Car quelle est l'utilité d'une force qui tourne à la faiblesse ?
Ou que la **plénitude de** la **nourriture**
tourne à la famine, Ou que la beauté
tourne à la laideur ?

15. Car la nature de l'homme est toujours changeante. **16.** Car ce que nous étions autrefois, nous ne le sommes plus maintenant, et ce que nous sommes maintenant, nous ne le resterons plus jamais. **17.** Car si une consommation avait été préparée pour tous, c'est en vain que l'on aurait

ont été leur commencement. **18.** Mais pour tout ce qui vient de toi, tu m'informes, et pour tout ce sur quoi je t'interroge, tu m'éclaires.

XXI. 19-26. Baruch prie Dieu de hâter le jugement.

19. Jusqu'à quand le corruptible subsistera-t-il, jusqu'à quand le temps des mortels sera-t-il prolongé, et jusqu'à quand ceux qui transgressent dans le monde seront-ils souillés par beaucoup de méchanceté ? **20.** Ordonne donc avec miséricorde, et accomplis tout ce que tu as dit que tu ferais, afin que ta puissance soit connue de ceux qui croient que ta patience est une faiblesse. **21.** Montre à ceux qui l'ignorent **que** tout ce qui nous est arrivé jusqu'à présent, à nous et à notre ville, **l'a été** selon la longanimité de ta puissance, car c'est à cause de ton nom que tu nous as appelés un peuple bien-aimé.
22. Mettez donc fin à la mortalité. **23.** Réprimandez donc l'ange de la mort, et que votre gloire apparaisse, et que la puissance de votre beauté soit connue, et que le séjour des morts soit scellé afin qu'il ne reçoive plus désormais de morts, et que les trésors des âmes restituent ceux qui y sont enfermés. **24.** Car il y a eu beaucoup d'années comme celles qui sont désolées, depuis les jours d'Abraham, d'Isaac et de Jacob, et de tous ceux qui leur ressemblent, qui dorment sur la terre, et à cause desquels tu as dit que tu avais créé le monde. **25.** Maintenant, montre vite ta gloire, et ne diffère pas ce que tu as promis. **26.** Lorsque j'eus achevé les paroles de cette prière, **je** fus très affaibli.

XXII. I-XXIII. 7. Réponse de Dieu à la prière de Baruch.

XXII. Après cela, voici, les cieux s'ouvrirent, je vis, et il fut donné à l'homme de pouvoir.

et une voix se fit entendre d'en haut, qui me dit : **2.** "Baruch, Baruch, pourquoi es-tu troublé ? **3.** Celui qui parcourt une route et ne l'achève pas, ou celui qui part par la mer et n'arrive pas au port, peut-il se consoler ? **4.** Celui qui promet de faire un cadeau à un autre, et qui ne l'accomplit pas, n'est-il pas un voleur ? **5.** Celui qui sème la terre et n'en recueille pas le fruit en son temps ne perd-il pas tout ? **6.** Celui qui plante une plante, si elle ne pousse pas jusqu'au temps convenable, celui qui l'a plantée ne s'attend-il pas à en recevoir du fruit ? **7.** La femme qui a conçu, si elle accouche prématurément, ne fait-elle pas périr à coup sûr son enfant ? **8.** Ou encore : "Celui qui bâtit une maison, s'il ne la couvre pas et ne l'achève pas, peut-elle être appelée une maison ? Dites-moi d'abord cela.

XXIII. Je répondis : " Non, Éternel, mon Seigneur ". **2.** Il me répondit : "Pourquoi donc t'inquiètes-tu de ce que tu ne sais pas, et pourquoi te sens-tu mal à l'aise dans ce que tu ignores ? **3.** Car, de même que tu n'as pas oublié ceux qui sont aujourd'hui et ceux qui sont morts, de même je me souviens de ceux qui sont **appelés à** venir. **4.** Lorsque Adam a péché et que la mort a été décrétée contre ceux qui devaient naître, on a compté la multitude de ceux qui devaient naître, et l'on a préparé pour ce nombre un lieu où les vivants puissent habiter et où les morts puissent être gardés. **5. Avant que** ce nombre ne soit atteint, la créature ne revivra plus [car mon esprit est créateur de vie], et le séjour des morts accueillera les morts. **6.** Il t'est encore donné d'entendre ce qui doit arriver après ces temps. **7.** Car, en vérité, ma rédemption s'est approchée, et elle n'est plus éloignée comme autrefois.

XXIV. 1-4. **Le jugement à venir**.

XXIV. 1-4. Le jugement à venir.

XXIV. "Car voici venir des jours où l'on ouvrira les livres où sont inscrits les péchés de tous ceux qui ont péché, et aussi les trésors où est recueillie la justice de tous ceux qui ont été justes dans la création. 2. En ce t e m p s - l à , tu verras, ainsi que beaucoup de ceux qui sont avec toi, la longanimité du Très-Haut, qui s'est manifestée de génération en génération, qui a été longanimité à l'égard de tous ceux qui sont nés, de ceux qui ont péché comme de ceux qui ont été justes. 3. Je répondis : "Mais voici ! Seigneur, personne ne connaît le nombre des choses passées, ni celui des choses à venir. 4. Je sais, en effet, ce qui nous est arrivé, mais je ne sais pas ce qui arrivera à nos ennemis, ni quand tu visiteras tes oeuvres."

XXV. I-XXVI. I. Le signe du jugement à venir.

XXV. Il me répondit : "Toi aussi, tu seras conservé jusqu'à ce temps-là, jusqu'au signe que le Très-Haut accomplira pour les habitants de la terre à la fin des jours. 2. Voici donc le signe. 3. Lorsque la stupeur saisira les habitants de la terre, et qu'ils tomberont dans de nombreuses tribulations, et encore lorsqu'ils tomberont dans de grands tourments. 4. Lorsqu'ils diront en pensée, à cause de leurs nombreuses tribulations : "Le Puissant ne se souvient plus de la terre", c'est-à-dire lorsqu'ils abandonneront l'espérance, le temps s'éveillera.

XXVI. Je répondis : "La tribulation qui doit avoir lieu durera-t-elle longtemps, et cette nécessité s'étendra-t-elle sur de nombreuses années ?"

XXVII. I-XXX. I. Les douze malheurs : le Messie et le royaume messianique temporaire.

XXVII. Il me répondit : " Ce temps est divisé en douze parties, et chacune d'elles est réservée pour ce qui lui est destiné. 2. Dans la première partie, il y aura un commencement d'agitation. 3. Et dans la seconde partie, il y aura des meurtres de grands.
4. Et dans la troisième partie, la chute d'un grand nombre par la mort. 5. Et dans la quatrième partie, l'envoi de l'épée. 6. Dans la cinquième partie, la famine et la privation de pluie. 7. Sixièmement, les tremblements de terre et les terreurs. 8. [9. Et dans la huitième partie, une multitude de spectres et des attaques des Shedim. 10. Et dans la neuvième partie, la chute du feu. 11. Et dans la dixième partie, la rapine et beaucoup d'oppression. 12. Et dans la onzième partie, la méchanceté et l'impudicité. 13. Douzièmement, la confusion due au mélange de toutes les choses susmentionnées. 14. Car ces parties de ce temps sont réservées ; elles se mêleront les unes aux autres, et seront au service les unes des autres. 15. Car les uns **retrancheront** une partie de ce qui leur est propre, et en recevront d'autres, et les autres compléteront ce qui leur est propre et ce qui est propre à d'autres, afin que ceux qui seront sur la terre en ces jours-là ne comprennent pas que c'est la consommation des temps.
XXVIII. " Cependant, celui qui comprend sera sage. 2. Car la mesure et le compte de ce temps sont deux parties d'une semaine de sept semaines". 3. Je répondis : "Il est bon qu'un homme vienne et regarde, mais il vaut mieux qu'il ne vienne pas, de peur qu'il ne tombe. 4. [Mais je dirai encore ceci. 5) Celui qui est incorruptible méprisera-t-il les choses corruptibles, et tout ce qui arrive aux choses corruptibles, pour ne regarder qu'à celles qui ne sont pas corruptibles ? ']

6. Mais si, Seigneur, les choses que Vous m'avez annoncées s'accomplissent, montrez-le moi aussi, si j'ai trouvé grâce à vos yeux. 7. Est-ce dans un seul lieu ou dans une seule partie de la terre que se produisent ces s'accompliront, ou bien la terre entière en fera-t-elle l'expérience ? "

XXIX. Il me répondit : " Tout ce qui arrivera alors (arrivera) à la terre entière, tous les vivants en feront l'expérience. 2. Car en ce temps-là, je ne protégerai que ceux qui se trouveront en ces mêmes jours sur cette terre. 3. Lorsque tout ce qui devait arriver en ces lieux sera accompli, le Messie commencera à se manifester. 4. Le Béhémoth sortira de sa place et le Léviathan montera de la mer, ces deux grands monstres que j'ai créés le cinquième jour de la création et que j'ai gardés jusqu'à ce moment-là ; ils serviront alors de nourriture à tous ceux qui resteront. 5. La terre donnera dix mille fois son fruit ; sur une vigne il y aura mille sarments, et chaque sarment produira mille grappes, chaque grappe produira mille grains, et chaque grain produira un cor de vin. 6. Les affamés se réjouiront, et chaque jour ils verront des merveilles. 7. Car des vents partiront de devant moi pour apporter chaque matin le parfum des fruits aromatiques, et, à la fin du jour, des nuages distillant la rosée de la santé. 8. En ce même temps, le trésor de la manne descendra de nouveau d'en haut, et ils en mangeront en ces années-là, car ce sont ceux qui sont parvenus à la consommation des temps.

XXX. " Après cela, lorsque le temps de l'avènement du Messie sera accompli, il reviendra dans sa gloire.

XXX. 2-5. La résurrection.

2. Alors se lèveront tous ceux qui se sont endormis dans l'espérance en lui. En ce temps-là, l'Église de Jésus-Christ se lèvera.

On ouvrira les trésors où est conservé le nombre des âmes des justes ; elles sortiront, et l'on verra une multitude d'âmes réunies dans une même pensée ; les premiers se réjouiront, et les derniers ne seront pas attristés. 3. Car **ils savent** que le temps est venu dont il est dit qu'il est la consommation des temps. 4. Mais les âmes des méchants, lorsqu'elles verront toutes ces choses, se dessécheront davantage. 5. Car ils sauront que leur tourment est venu et que leur perdition est arrivée."

XXXI.-XXXIII. **Exhortation de Baruch au peuple.**

XXXI. Après cela, je me rendis auprès du peuple et je lui dis : "Assemblez tous vos anciens et je leur parlerai. 2. Ils s'assemblèrent tous dans la vallée du Cédron. 3. Je leur répondis :

" Écoute, Israël, et je te parlerai,

Prête l'oreille, race de Jacob, et je t'instruirai.

4. N'oubliez pas Sion,

Mais souvenez-vous de l'angoisse de Jérusalem.

5. Car voici les jours qui viennent,

Quand tout ce qui existe deviendra la proie de la corruption,

Et soyez comme si cela n'avait pas été.

XXXII. " Quant à vous, si vous préparez vos cœurs à y semer les fruits de la Loi, cela vous protégera au moment où le Puissant ébranlera toute la création. [2. Parce qu'après un certain temps, l'édifice de Sion sera ébranlé pour être rebâti. 3. Mais cet édifice ne subsistera pas ; il sera de nouveau déraciné après un certain temps, et il restera désert jusqu'au moment voulu. 4. Après quoi il sera renouvelé dans la gloire et perfectionné pour l'éternité]. 5. C'est pourquoi nous ne devons pas nous affliger sur le mal qui est arrivé et sur celui qui est à venir. 6. Car il y aura une épreuve plus grande que ces deux tribulations, lorsque le Puissant renouvellera sa création. 7. Et maintenant, ne vous approchez pas de moi pour quelques jours, et ne me cherchez pas jusqu'à ce que je vienne à vous. 8. Lorsque je leur eus dit toutes ces paroles, moi, Baruch, je me mis en route. Le peuple, me voyant partir, éleva la voix, se lamenta et dit : 9. "Où nous quittes-tu, Baruch, et nous abandonnes-tu comme un père qui abandonne ses enfants orphelins et s'éloigne d'eux ?

XXXIII. " Ce sont là les ordres que t'a donnés ton compagnon Jérémie, le prophète, et qui t'ont dit : 2. veille sur ce peuple, jusqu'à ce que j'aille préparer le reste des frères à Babylone, contre lesquels a été prononcée la sentence de les emmener en captivité ; 3. si tu nous abandonnes, il serait bon que nous mourions tous devant toi, et qu'ensuite tu te retires de nous. 3. et maintenant, si tu nous abandonnes, il serait bon que nous mourions tous devant toi, et qu'ensuite tu te retires de nous.

XXXIV.-XXXV. La complainte de Baruch.

XXXIV. Je répondis au peuple : "Loin de moi l'idée de vous abandonner ou de m'éloigner de vous, mais j'irai seulement dans le Saint des Saints pour m'enquérir auprès du Puissant de ce qui vous concerne et de ce qui concerne Sion, si je reçois plus de lumière à certains égards ; et après cela, je reviendrai vers vous".

XXXV. Moi, Baruch, je me rendis dans le sanctuaire, je m'assis sur les ruines, je pleurai et je dis :

2. " Si mes yeux étaient des sources,
   Et vous, mes paupières, une source
   de larmes.
3. Comment pourrais-je me lamenter sur Sion ?
   Et comment pleurerais-je Jérusalem ?
4. Car à l'endroit où je suis maintenant prostré ;

Le souverain sacrificateur d'autrefois offrait des sacrifices sacrés, Et il y déposait des parfums odoriférants. 5. Mais maintenant notre orgueil est réduit en poussière, Et le désir de notre âme en sable".

XXXVI.-XXXVII. La vision de la forêt.

XXXVI. Après avoir dit cela, je m'endormis, et j'eus une vision pendant la nuit. 2. Et voici, une forêt d'arbres était plantée dans la plaine, et des montagnes rocheuses, hautes et escarpées, l'entouraient, et cette forêt occupait un grand espace. 3. Et voici, une vigne s'élevait en face d'elle, et une source paisible jaillissait de dessous elle. 4. Or, cette fontaine s'approcha de la forêt et fut agitée par de grandes vagues, qui submergèrent la forêt, en arrachèrent soudain la plus grande partie, et renversèrent toutes les montagnes qui l'entouraient. 5. La hauteur de la forêt commença à s'abaisser, et le sommet des montagnes s'abaissa, et cette source fut très puissante, de sorte qu'il ne resta de cette grande forêt qu'un seul cèdre. 6. Lorsqu'elle l'eut renversé, et qu'elle eut détruit et déraciné la plus grande partie de cette forêt, de sorte qu'il n'en resta plus rien, et qu'on ne put plus reconnaître son emplacement, cette vigne commença à venir avec la fontaine, en paix et dans une grande tranquillité, et elle arriva dans un lieu qui n'était pas éloigné du cèdre, et on lui apporta le cèdre qui avait été jeté à terre. 7. Je regardai, et voici que la vigne ouvrit la bouche, parla et dit au cèdre
: "N'es-tu pas ce cèdre qui est resté de la forêt de la méchanceté, et par le moyen duquel la méchanceté a persisté, s'est exercée pendant toutes ces années, et la bonté n'a jamais existé ? 8. Tu n'as cessé de conquérir ce qui ne t'appartenait pas, et tu n'as jamais eu de compassion pour ce qui t'appartenait ; tu n'as cessé d'étendre ton pouvoir sur ceux qui étaient loin de toi et sur ceux qui s'en approchaient.

tu t'accrochais dans les fatigues de ta méchanceté, et tu t'élevais toujours comme quelqu'un qu'on ne peut déraciner! 9. Mais maintenant ton temps s'est accéléré, et ton heure est venue. 10. Toi aussi, ô cèdre, tu t'en iras après la forêt qui s'en est allée avant toi, tu deviendras poussière avec elle, et tes cendres se mêleront les unes aux autres, xi. Et maintenant, couche-toi dans l'angoisse et repose-toi dans les tourments jusqu'à ce que vienne ton dernier moment, où tu reviendras, et tu seras tourmenté encore davantage."

XXXVII. Après cela, je vis le cèdre brûler, et la vigne croître, elle et tout autour, et la plaine pleine de fleurs qui ne se fanaient pas. Je me réveillai et me levai.

XXXVIII. -XL. L'interprétation de la vision.

XXXVIII. Je priai et dis : " Seigneur, mon Seigneur, tu éclaires toujours ceux qui sont conduits par l'intelligence. 2. Ta loi est la vie, et ta sagesse est la bonne direction. 3. Fais-moi donc connaître l'interprétation de cette vision. 4. Car tu sais que mon âme a toujours marché dans ta loi, et que, dès mes premiers jours, je ne me suis pas écarté de ta sagesse.

XXXIX. Il me répondit : " Baruch, voici l'interprétation de la vision que tu as eue.

2. Comme tu as vu une grande forêt qu'entouraient des montagnes élevées et escarpées, c'est là le mot. 3. Voici, les jours viennent, et ce royaume qui a détruit Sion sera détruit, et il sera soumis à celui qui vient après lui. 4. Ce royaume aussi sera détruit après un certain temps, et un autre, un troisième, s'élèvera ; il dominera pendant un certain temps, puis il sera détruit. 5. Après cela, il s'élèvera un quatrième royaume, dont la puissance sera plus dure et plus malfaisante que celle de ses prédécesseurs, et qui régnera sur un nombre de fois égal à celui de ses prédécesseurs.

les forêts de la plaine ; il tiendra les temps, et s'élèvera plus haut que les cèdres du Liban. 6. Elle cachera la vérité, et tous ceux qui sont souillés par l'iniquité fuiront vers elle, comme fuient les bêtes malfaisantes qui se glissent dans la forêt. 7. Quand approchera le moment où il doit tomber, le **principat de** mon Messie, qui est comme la source et la vigne, se révélera, et quand il se révélera, il extirpera la multitude de son armée. 8. En ce qui concerne ce que tu as vu, le cèdre élevé qui restait de cette forêt, et le fait que la vigne a prononcé avec lui les paroles que tu as entendues, voici ce qu'il faut dire :

XL. Le dernier chef de cette époque restera en vie, lorsque la multitude de ses armées sera passée au fil de l'épée ; il sera lié, et on l'emmènera sur la montagne de Sion ; mon Messie le convaincra de toutes ses impiétés, et il rassemblera et exposera devant lui toutes les oeuvres de ses armées. 2. Ensuite, il le fera mourir et protégera le reste de mon peuple qui se trouvera dans le lieu que j'ai choisi. 3. Son principat subsistera à jamais, jusqu'à ce que le monde de la corruption ait pris fin et que les temps susdits soient accomplis. 4. Telle est ta vision, et telle est son interprétation."

XLI.-XLII. **Le destin des apostats et des prosélytes.**

XLI. Je répondis : "A qui et pour qui ces choses arriveront-elles ? Ou qui sera digne de vivre en ce temps-là? 2. Car je dirai devant Vous tout ce que je pense, et je Vous interrogerai sur les choses que je médite. 3. Car voici ! Je vois beaucoup de gens de ton peuple qui se sont retirés de ton alliance, et qui ont rejeté le joug de ta loi. 4. Mais j'en vois encore d'autres qui ont abandonné leur vanité, et qui se sont réfugiés sous tes

ailes. 5. Que leur arrivera-t-il donc ? Ou comment le dernier temps les accueillera-t-il ? 6. Peut-être le temps de ceux-ci sera-t-il pesé, et seront-ils jugés selon l'inclinaison de la poutre ?"
XLII. Il me répondit : " Je te montrerai encore ces choses. 2. Quant à ce que tu as dit : "A qui seront ces choses, et combien seront-elles ? Pour ceux qui auront cru, il y aura le bien dont il a été parlé autrefois, et pour ceux qui auront méprisé, il y aura le contraire de ces choses. 3. Quant à ce que tu as dit au sujet de ceux qui se sont approchés et de ceux qui se sont retirés, voici ce que tu as dit : 4. quant à ceux qui étaient auparavant soumis, et qui ensuite se sont retirés et se sont mêlés à la race des peuples mêlés, leur temps était le premier, et ils ont été considérés comme des êtres élevés. 5. Quant à ceux qui, avant de connaître l'ignorance, ont ensuite connu la vie, et se sont mêlés à la race du peuple qui s'était séparé, leur temps est le dernier, et il est considéré comme élevé. 6. Le temps succédera au temps et la saison à la saison, et l'un recevra de l'autre ; puis, en vue de la consommation, tout sera comparé selon la mesure des temps et les heures des saisons. 7. Car la corruption prendra ceux qui lui appartiennent, et la vie ceux qui lui appartiennent. 8. On appellera la poussière, et on lui dira : "Rends ce qui ne t'appartient pas, et relève tout ce que tu as gardé jusqu'à la fin".

XLIII. Baruch apprend sa mort.

XLIII. "Mais toi, Baruch, dirige ton cœur vers ce qui t'a été dit, et comprends ce qui t'a été montré ;

Car il y a pour toi de nombreuses consolations éternelles.
2. Car tu quitteras ce lieu,
Et tu quitteras les régions que tu vois maintenant,
Et tu oublieras tout ce qui est corruptible,
Et tu ne te souviendras plus de ce qui se passe chez les mortels.
3. Va donc, commande à ton peuple, et viens en ce lieu ; puis jeûne sept jours, et alors je viendrai à toi et je te parlerai."

XLIV.-XLVII. **Paroles de Baruch au peuple.**

XLIV. Moi, Baruch, je partis de là et je revins vers mon peuple ; j'appelai mon fils aîné, mes amis [les Guédalia] et sept des anciens du peuple, et je leur dis :
2. " Voici, je vais vers mes pères,
Selon le chemin de toute la terre.
3. Ne vous écartez pas de la voie de la loi, Mais
gardez et avertissez le peuple qui reste, De peur qu'ils ne
se détournent des commandements du Puissant.
4. Vous voyez que celui que nous servons
est juste, et que notre Créateur ne fait pas
acception des personnes.
5. Vous voyez ce qui est arrivé à Sion,
Et ce qui est arrivé à Jérusalem.
6. Car le jugement du Puissant sera connu,
Et ses voies, qui sont justes même si on ne les connaît pas.
7. Car si vous supportez et persévérez dans
sa crainte, Et si vous n'oubliez pas sa loi,
Les temps vous seront favorables,
Et vous verrez la consolation de Sion.

8. Car ce qui est maintenant n'est rien,
mais ce qui sera est très grand.
9. Car tout ce qui est corruptible passera, Et tout ce
qui meurt disparaîtra,
Et tout le temps présent sera oublié,
On ne se souviendra plus du temps présent, qui est souillé
de maux.
10. Car ce qui court maintenant court à sa perte,
Et ce qui prospère tombe vite et s'humilie.
11. Car ce qui doit être sera l'objet du désir,
Et c'est sur ce qui viendra ensuite que nous plaçons
notre espoir ;
Car c'est un temps qui ne passera pas.
12. Et l'heure vient qui demeurera éternellement,
Et le monde nouveau (vient) qui ne corrompt pas ceux
qui s'en vont vers sa béatitude,
Il est sans pitié pour ceux qui s'en vont au supplice,
Et il n'entraîne pas à la perdition ceux qui vivent en
lui.
13. Car ce sont eux qui hériteront du temps dont il a été
parlé,
Et c'est à eux que revient l'héritage du temps promis.
14. Ce sont ceux qui ont acquis des trésors de sagesse,
On trouve chez eux des trésors d'intelligence, Et ils
ne se retirent pas de la miséricorde,
Ils ont préservé la vérité de la loi.
15. Car c'est à eux que sera donné le monde à venir.
Mais la demeure des autres, qui sont nombreux, sera
dans le feu.
XLV. "Instruisez donc le peuple, dans la mesure de vos forces, car c'est à vous qu'incombe ce travail. 2. Car si vous les instruisez, vous les vivifierez."

XLVI. Mon fils et les anciens du peuple me répondirent :
" Le Puissant nous a-t-il humiliés au point de nous enlever rapidement ?
2. Et vraiment nous serons dans les ténèbres,
Et il n'y aura pas de lumière pour ceux qui resteront.
3. Car où chercherons-nous encore la loi ? Ou qui fera pour nous la distinction entre la mort et la vie?"
4. Et je leur ai dit : " Le trône du Puissant, je ne peux pas y résister :
Mais il ne manquera pas de sages en Israël,
Ni un fils de la Loi de la race de Jacob.
5. Préparez seulement vos cœurs, afin d'obéir à la loi,
Et soyez soumis à ceux qui, dans la crainte, sont sages et compréhensifs ;
Préparez votre âme, afin que vous ne vous en écartiez pas.
6. Car si vous faites ces choses,
Une bonne nouvelle vous parviendra et vous ne tomberez pas non plus dans le supplice dont je vous ai déjà parlé".
7. Mais pour ce qui est de l'annonce de mon enlèvement, je ne l'ai pas fait savoir, ni à eux ni à mon fils.

XLVII. Après les avoir congédiés, je partis et leur dis : "Voici, je vais à Hébron, car c'est là que le Puissant m'a envoyé. Je vais à Hébron, car c'est là que le Puissant m'a envoyé. 2. J'arrivai au lieu où la parole m'avait été adressée ; je m'y assis, et je jeûnai sept jours.

XLVIII. 1-47. **Prière** de **Baruch.**

XLVIII. Après le septième jour, je priai devant le Puissant et je dis :

2. " Ô mon Seigneur, Tu appelles l'avènement des temps,
Et ils se tiennent devant toi ;
Tu fais disparaître la puissance des siècles, et ils ne te résistent pas ;
C'est toi qui organises les saisons, et elles t'obéissent.
3. Toi seul connais la durée des générations, Et tu ne révèles pas tes mystères à beaucoup.
4. Tu fais connaître l'abondance du feu, Et tu pèses la légèreté du vent.
5. Vous explorez la limite des hauteurs,
Tu scrutes les profondeurs des ténèbres.
6. Tu t'occupes du nombre qui passe, afin qu'il soit conservé,
Et tu prépares une demeure pour ceux qui vont naître.
7. Tu te souviens du commencement que tu as fait,
Et la destruction à venir, Tu ne l'oublies pas.
8 Avec des hochements de tête d'effroi et d'indignation, Tu donnes des ordres aux flammes,
Et ils se transforment en esprits,
Et d'un mot tu ressuscites ce qui n'était pas,
Tu retiens par ta puissance ce qui n'est pas encore venu.
9. Tu instruis les choses créées dans l'intelligence de Toi,
Et tu rends les sphères sages pour qu'elles puissent exercer leur ministère selon leurs ordres.
10. Des armées innombrables se tiennent devant toi,
Et les ministres reçoivent leurs ordres en silence, sur votre signe de tête.
11. Entendez votre serviteur,
Et prêtez l'oreille à ma demande.
12. Car en peu de temps nous sommes nés,

Et dans peu de temps, nous reviendrons.
13. Mais auprès de toi les heures sont comme un temps, Et les jours comme des générations.
14. Ne vous irritez donc pas contre l'homme, car il n'est rien, Et ne tenez pas compte de nos oeuvres.
15. Car que sommes-nous ? C'est par ton don que nous sommes venus au monde, Et ce n'est pas de notre plein gré que nous en sortons.
16. Car nous n'avons pas dit à nos parents : "Engendrez-nous", et nous n'avons pas envoyé au séjour des morts en disant : "Accueillez-nous".
17. Quelle est donc notre force pour supporter ta colère ? Ou que sommes-nous pour subir ton jugement ?
18. Protège-nous dans tes compassions, Et dans ta miséricorde, aide-nous.
19. Regarde les petits qui te sont soumis, Et sauve tous ceux qui s'approchent de toi ; Ne détruisez pas l'espérance de notre peuple, Et n'abrégez pas les temps de notre aide.
20. Car c'est la nation que tu as choisie, Ce sont des gens que tu ne peux égaler.
21. Mais je parlerai maintenant devant toi, Et je dirai ce que pense mon cœur.
22. En Toi nous nous confions, car voici ! Ta loi est avec nous, et nous savons que nous ne tomberons pas tant que nous garderons tes lois.
23. [Nous avons été bénis jusqu'à la fin des temps, du moins en ce que nous ne nous sommes pas mêlés aux païens.]
24. Car nous formons tous un seul

peuple, qui a reçu une seule loi d'un seul ;
Et la Loi qui est parmi nous nous aidera,
Et la sagesse surabondante qui est en nous nous aidera".

25. Après avoir prié et dit ces choses, je fus très affaibli.
26. Il me répondit :
" Tu as prié avec simplicité, Baruch,
Et toutes tes paroles ont été entendues.
27. Mais mon jugement est juste, Et ma loi est juste.
28. Car c'est de tes paroles que je te répondrai,
C'est de ta prière que je t'entretiendrai.
29. Car voici : celui qui est corrompu n'est pas du tout ; il a commis l'iniquité autant qu'il le pouvait, et il ne s'est pas souvenu de Ma bonté et n'a pas accepté Ma longanimité. 30. C'est pourquoi tu seras enlevé, comme je te l'ai déjà dit. 31. Car le temps de l'affliction se lèvera ; il viendra et passera avec rapidité, il sera agité, il arrivera dans l'ardeur de la colère. 32. En ces jours-là, tous les habitants de la terre s'émouvront les uns contre les autres, parce qu'ils ne savent pas que mon jugement s'est approché.

33. Car il ne se trouvera pas beaucoup de sages en ce temps-là, Et les intelligents ne seront qu'un petit nombre :
D'ailleurs, même ceux qui savent se taisent le plus souvent.

34. Il y aura beaucoup de bruits et de rumeurs, et non pas peu de choses,
Et les actions des fantasmagories seront
manifestées, Et les promesses ne seront pas rares à
être racontées ;
Certains d'entre eux se révèlent oisifs,
Certains d'entre eux seront confirmés.

35. L'honneur sera changé en honte, La force humiliée en mépris, Et la probité anéantie,
Et la beauté deviendra laideur.

36. En ce temps-là, beaucoup diront à beaucoup :

Où s'est cachée la multitude de l'intelligence ?
Et où s'est retirée la multitude de la sagesse ? '
37. Et pendant qu'ils méditent ces choses,
Alors l'envie naîtra chez ceux qui n'avaient rien pensé par eux-mêmes,
Et la passion s'emparera de celui qui est paisible,
Plusieurs s'irriteront pour faire du mal à plusieurs, Ils lèveront des armées pour répandre le sang, Et ils finiront par périr avec eux.
38. Et cela s'accomplira au même moment,
Qu'un changement de temps apparaîtra manifestement à tout homme,
Parce qu'à toutes ces époques ils se sont souillés, Et qu'ils ont pratiqué l'oppression,
Et chacun marchait dans ses propres œuvres,
Et ils ne se sont pas souvenus de la loi du Puissant.
39. C'est pourquoi un feu consumera leurs pensées,
Et dans la flamme seront éprouvées les méditations de leurs rênes

Car le juge viendra et ne tardera pas.
40. Car chacun des habitants de la terre savait quand il commettait l'iniquité,
Ils n'ont pas connu ma loi, à cause de leur orgueil.
41. Mais beaucoup pleureront alors certainement,
Oui, sur les vivants plus que sur les morts".
42. J'ai répondu et j'ai dit :
" Ô Adam, qu'as-tu fait à tous ceux qui sont nés de toi ?
Et que dira-t-on à la première Eve qui a écouté le serpent?
43. Car toute cette multitude va à la corruption,

Il n'y a pas non plus de dénombrement de ceux que le feu dévore. 44. Mais je parlerai encore en ta présence. 45. Toi, Éternel, mon Seigneur, tu sais ce qu'il y a dans ta créature. 46. Tu as jadis ordonné à la poussière d'engendrer Adam, et tu connais le nombre de ceux qui sont nés de lui, et jusqu'à quel point ils ont péché devant toi, ceux qui ont existé et qui ne t'ont pas confessé comme leur Créateur. 47. Pour tous ceux-là, leur fin les condamnera, et Ta loi qu'ils ont transgressée les châtiera en Ton jour."

XLVIII. 48-50. Fragment d'un discours de Baruch au peuple.

[48. "Mais maintenant, écartons les méchants et interrogeons les justes. 49. Je raconterai leur bonheur, et je ne me tairai pas pour célébrer la gloire qui leur est réservée. 50. En effet, de même que vous avez enduré beaucoup de fatigues en peu de temps dans ce monde qui passe et où vous vivez, de même, dans ce monde qui n'a pas de fin, vous recevrez une grande lumière."].

XLIX.-LII. La nature du corps de résurrection ; les destinées finales des justes et des méchants.

XLIX. "Néanmoins, je Te demanderai encore, ô Puissant, oui, je demanderai miséricorde à Celui qui a fait toutes choses :

2. Dans quel état vivront ceux qui vivent en Ton jour ?
   Ou comment se poursuivra la splendeur de ceux qui seront après ce temps ?
3. Reprendront-ils donc cette forme du présent,
   Et revêtiront-ils ces membres entrammés,
   Qui sont maintenant impliqués dans les maux,
   Et dans lequel les maux sont consommés ;

Ou bien changeras-tu les choses qui ont été dans le monde ?
Comme le monde entier ? ' "

L. Il me répondit : " Écoute, Baruch, cette parole,
Ecris dans le souvenir de ton coeur tout ce que tu apprendras.
2. Car la terre restituera certainement les morts
qu'elle reçoit maintenant, afin de les conserver.
Elle ne changera rien à leur forme,
Elle les restituera comme elle les a reçues ;
Comme je les lui ai livrés, il les ressuscitera.

3. Car alors il faudra montrer aux vivants que les morts sont revenus à la vie, et que ceux qui étaient partis sont revenus. **4.** Lorsqu'ils auront reconnu les uns après les autres ceux qu'ils connaissent maintenant, le jugement s'affermira, et les choses dont on avait parlé auparavant se réaliseront.

LI. "Lorsque le jour fixé sera passé, l'aspect des condamnés sera changé, et la gloire de ceux qui seront justifiés. **2.** Car l'aspect de ceux qui agissent maintenant avec méchanceté deviendra pire qu'il ne l'est, puisqu'ils souffriront des tourments. **3.** Quant à la gloire de ceux qui ont été justifiés dans ma Loi, qui ont eu de l'intelligence dans leur vie et qui ont planté dans leur coeur la racine de la sagesse, leur splendeur se transformera en changement, et l'aspect de leur visage deviendra la lumière de leur beauté, afin qu'ils puissent acquérir et recevoir le monde qui ne meurt pas, qui leur est alors promis. **4.** Car c'est surtout sur cela que se lamenteront ceux qui viendront alors, parce qu'ils ont rejeté ma loi et se sont bouché les oreilles pour ne pas entendre la sagesse et ne pas recevoir l'intelligence.

5. Lorsqu'ils verront ceux qu'ils dominent maintenant, mais qui seront alors plus élevés et plus glorifiés qu'eux, ils seront respectivement transformés, les seconds en splendeur d'anges, et les premiers se perdront encore plus dans l'émerveillement des visions et dans la contemplation des formes. 6. Car ils verront d'abord, puis partiront pour être tourmentés.

   7. Mais ceux qui ont été sauvés par leurs œuvres,
     Et pour qui la loi a été une espérance,
     Et l'intelligence une attente,
     Et la sagesse, une confiance,
     Pour eux, des merveilles apparaîtront en leur temps.
   8. Car ils verront le monde qui leur est invisible,
     Ils verront le temps qui leur est caché.
   9. Et le temps ne les fera plus vieillir.
   10. Car ils habiteront dans les hauteurs de ce monde, Et ils seront rendus semblables aux anges,
     Et devenir l'égal des étoiles,
     Et ils se transforment en toutes les formes qu'ils désirent,
     De la beauté à la beauté,
     Et de la lumière à la splendeur de la gloire.

   II. Car devant eux s'étendra l'étendue du Paradis, et leur sera montrée la beauté de la majesté des créatures vivantes qui sont sous le trône, et toutes les armées des anges, qui [sont maintenant retenues par Ma parole, de peur qu'elles n'apparaissent, et] sont retenues par un ordre, afin qu'elles se tiennent à leur place jusqu'à ce que vienne leur avènement. **12.** Il y aura alors dans les justes une excellence qui surpassera celle des anges.
13. Car les premiers recevront les derniers, ceux qu'ils attendaient, et les derniers ceux dont ils entendaient dire qu'ils étaient morts.

14. Car ils ont été délivrés de ce monde de tribulations,
Et déposa le fardeau de l'angoisse.
15. Pourquoi donc les hommes ont-ils perdu la vie ?
Et pour quoi ceux qui étaient sur la terre ont-ils échangé leur âme ?
16. Car cette fois-ci, ils ont choisi (non) pour eux-mêmes,
Qui, hors de portée de l'angoisse, ne pouvait passer ;
Mais cette fois-ci, ils ont choisi eux-mêmes,
Dont les émissions sont pleines de lamentations et de maux,
Et ils ont renié le monde qui n'agite pas ceux qui viennent à lui,
Et ils ont rejeté le temps de la gloire,
Afin qu'ils ne parviennent pas à l'honneur dont je t'ai déjà parlé".
LI I. J'ai répondu et j'ai dit :
" Comment oublier ceux à qui le malheur est alors réservé?
2. Pourquoi donc pleurons-nous à nouveau ceux qui meurent ?
Ou pourquoi pleurons-nous ceux qui partent pour le séjour des morts ?
3. Que les lamentations soient réservées au début de ce tourment à venir,
Et que des larmes soient mises en réserve pour l'avènement de la destruction de ce temps.
4. [Mais même face à ces choses, je parlerai.
5. Quant aux justes, que feront-ils maintenant ?
6. Réjouissez-vous des souffrances que vous endurez maintenant :
Pourquoi cherchez-vous le déclin de vos ennemis ? 7. Préparez votre âme à ce qui vous est réservé,
Et préparez vos âmes pour la récompense qui vous est réservée"].

LIII.-LXXIV. L'Apocalypse du Messie.
LIII. *La vision du nuage et des eaux.*

LIII. Après avoir dit ces choses, je m'endormis et j'eus une vision : voici qu'un nuage s'élevait d'une très grande mer ; je continuai à le contempler et voici qu'il était plein d'eaux blanches et noires, et que ces mêmes eaux avaient de nombreuses couleurs ; à son sommet, on voyait pour ainsi dire l'aspect d'un grand éclair. **2.** Je vis ce nuage passer rapidement et couvrir toute la terre. **3.** Après cela, cette nuée commença à répandre sur la terre les eaux qu'elle contenait. **4.** Je vis qu'il n'y avait pas une seule et même ressemblance dans les eaux qui en descendaient. **5.** En effet, au début, elles étaient noires **et nombreuses** pendant un certain temps ; ensuite, je vis que les eaux devenaient lumineuses, mais qu'elles n'étaient pas nombreuses ; après cela, je vis de nouveau des eaux noires, et après cela, de nouveau lumineuses, et de nouveau noires, et de nouveau lumineuses. **6.** Cela se fit douze fois, mais les eaux noires étaient toujours plus nombreuses que les eaux lumineuses. **7.** A l'extrémité de la nuée, il tomba des eaux noires, plus sombres que toutes les eaux précédentes ; le feu s'y mêlait, et là où ces eaux descendaient, elles semaient la dévastation et la destruction. **8.** Après cela, je vis que l'éclair, que j'avais vu sur le sommet du nuage, s'en emparait et le précipitait sur la terre. **9.** Or, cet éclair brillait d'un éclat extraordinaire, de manière à illuminer toute la terre, et il guérissait les régions où les dernières eaux étaient descendues et avaient fait des ravages, **10.** Il s'empara de toute la terre et la domina. **II.** Après cela, je vis que douze fleuves sortaient de la mer et qu'ils commençaient à entourer l'éclair et à lui être soumis **12.** Je me suis réveillé à cause de ma peur.

LIV.-LV. **Prière de Baruch.**

LIV. J'implorai le Puissant, et je lui dis :
" Toi seul, Seigneur, connais d'avance les profondeurs du monde,
Et ce qui arrive en leur temps, c'est par ta parole que tu l'accomplis,
Contre les oeuvres des habitants de la terre, Tu hâtes le commencement des temps,
Et la fin des saisons, Tu es le seul à la connaître.
2. Pour qui rien n'est trop difficile,
Mais Tu fais tout facilement d'un signe de tête.
3. A qui les profondeurs comme les hauteurs sont accessibles. Et les débuts des âges sont au service de ta parole.
4. Qui révèle à ceux qui **te** craignent ce qui est préparé pour eux,
Afin qu'ils soient désormais consolés.
5. Tu montres de grands actes à ceux qui ne savent pas ;
Tu brises l'enceinte des ignorants,
Et éclaircit ce qui est sombre,
Il révèle aux purs ce qui est caché,
[qui, dans la foi, se sont soumis à toi et à ta loi.]
6. Tu as montré à ton serviteur cette vision ;
révèle-moi aussi son interprétation.
7. Je sais en effet que j'ai reçu une réponse pour ce que j'ai demandé, et que tu m'as révélé ce que j'ai demandé, et que tu m'as montré avec quelle voix je devais te louer, ou de quels membres je devais faire monter vers toi des louanges et des alléluias.
8. Si mes membres étaient des bouches, Et si les cheveux de ma tête étaient des voix,
Même ainsi, je n'ai pas pu te donner le mérite de la louange,

Je ne saurais te louer comme il
convient, Je ne saurais raconter
tes louanges, Je ne saurais dire
la gloire de ta beauté.
9. Car que suis-je parmi les hommes ?
Ou pourquoi suis-je compté parmi ceux qui sont plus
excellents que moi ?
Que j'aie entendu toutes ces merveilles d e la part du
Très-Haut,
Et des promesses innombrables de la part de Celui qui
m'a créé ?
10. Que ma mère soit bénie parmi celles qui enfantent,
Que celle qui m'a mis au monde soit louée parmi les
femmes.
11. Car je ne me tairai pas pour louer le Puissant,
Et c'est avec la voix de la louange que je raconterai ses
merveilles.
12. Car qui fait comme tes merveilles, ô Dieu ?
Ou qui comprend Ta pensée profonde de la vie ?
13. Car c'est par ton conseil que tu gouvernes toutes les
créatures que ta droite a créées,
Tu as établi près de toi toute source de lumière,
Tu as préparé les trésors de la sagesse sous ton trône.
14. C'est à juste titre que périssent ceux qui n'ont pas aimé
ta loi,
Et le supplice du jugement attend ceux qui ne se sont pas
soumis à ton pouvoir.
15. En effet, bien qu'Adam ait péché le premier,
Et a provoqué la mort prématurée de
tous, même de ceux qui sont nés de lui.
Chacun d'eux a préparé pour son âme le supplice à venir,
Et, encore une fois, chacun d'eux a choisi pour lui-même
les gloires à venir.

[16. Car celui qui croit recevra une récompense.
17. Mais maintenant, vous, les méchants qui êtes, tournez-vous vers la destruction, car vous serez bientôt visités, parce que vous avez autrefois rejeté l'intelligence du Très-Haut.
18. Car ses œuvres ne vous ont pas enseigné,
L'habileté de sa création, qui est de tous les instants, ne vous a pas non plus persuadé].
19. Adam n'est donc pas la cause, si ce n'est de sa propre âme,
Mais chacun de nous a été l'Adam de sa propre âme.
20. Mais toi, Seigneur, explique-moi les choses que tu m'as révélées,
Et informez-moi de ce que je vous ai demandé.
21. Car, à la consommation du monde, la vengeance sera exercée sur ceux qui auront fait le mal selon leur méchanceté ;
Et tu glorifieras les fidèles selon leur fidélité.
22. Car tu domines ceux qui sont à toi, Et tu fais sortir du milieu d'eux ceux qui pèchent.
Les vôtres".

LV. Lorsque j'eus achevé de prononcer les paroles de cette prière, je m'assis sous un arbre, pour me reposer à l'ombre des branches. 2. J'étais dans l'étonnement et la stupeur, et je méditais sur la multitude des biens que les pécheurs qui sont sur la terre ont rejetés, et sur le grand supplice qu'ils ont méprisé, quoiqu'ils sussent qu'ils devaient être tourmentés à cause du péché qu'ils avaient commis. 3. Comme je méditais sur ces choses et sur d'autres semblables, voici que l'ange Ramiel, qui préside aux vraies visions, me fut envoyé, et il me dit : 4. "Pourquoi ton cœur te trouble-t-il, Baruch, et pourquoi tes pensées te troublent-elles ?

5. Car si tu es ému à cause de ce que tu as entendu dire du jugement, que deviendras-tu quand tu le verras de tes yeux ? *6.* Et si, par l'attente que tu as du jour du Puissant, tu es vaincu, que seras-tu quand tu le verras ? *7.* Et si, à l'annonce du supplice de ceux qui ont agi en insensés, tu es si complètement désemparé, combien plus le sera-t-il lorsque l'événement révélera des choses merveilleuses ? *8.* Si tu as entendu parler des biens et des maux à venir, et que tu sois affligé, que seras-tu lorsque tu verras ce que la majesté révélera, qui convaincra les uns et réjouira les autres ? "

LVI.-LXXIV. L'interprétation de la vision.

LVI. "Cependant, parce que tu as demandé au Très-Haut de te révéler l'interprétation de la vision que tu as eue, j'ai été envoyé pour te l'annoncer. *2.* Le Puissant t'a fait connaître les méthodes des temps passés et de ceux qui doivent s'écouler dans son monde, depuis le commencement de sa création jusqu'à sa consommation, les choses trompeuses et celles qui sont vraies. *3.* Comme tu as vu un grand nuage qui montait de la mer et qui allait couvrir la terre, telle est la durée du monde que le Puissant a fait lorsqu'il a décidé de créer le monde. *4.* Lorsque la parole sortit de sa présence, la durée du monde s'établit dans une faible mesure, et elle **s'établit** selon la multitude de l'intelligence de celui qui l'avait envoyée. *5.* Et comme tu as vu auparavant au sommet de la nuée les eaux noires qui descendaient auparavant sur la terre, c'est la transgression par laquelle Adam, le premier homme, a transgressé.

6. Car, lorsqu'il a transgressé, la
mort prématurée est apparue,
La douleur a été nommée, l'angoisse a été préparée,
La souffrance a été créée,
Et les ennuis sont consommés,
Et la maladie a commencé à s'installer,
Et le séjour des morts d'exiger qu'il soit renouvelé dans le sang,
Et l'engendrement des enfants a eu lieu,
Et la passion des parents s'est produite,
La grandeur de l'humanité a été humiliée, et la
bonté a dépéri.

7. Qu'est-ce qui peut donc être plus noir ou plus sombre que ces choses ? **8.** C'est le commencement des eaux noires que tu as vues. **9.** C'est de ces eaux noires qu'est née la noirceur, et c'est de la noirceur des ténèbres qu'est née la noirceur des ténèbres.

10. Car il est devenu un danger pour son âme, il est devenu un danger même pour les anges. **11.** En outre, à l'époque où il fut créé, les anges jouissaient de la liberté. **12.** Quelques-uns d'entre eux descendirent et se mêlèrent aux femmes. **13.** Ceux qui agissaient ainsi étaient enchaînés et tourmentés. **14.** Mais le reste de la multitude des anges, dont on ne connaît pas le nombre, s'est retenu. **15.** Les habitants de la terre périrent avec eux dans les eaux du déluge. **16.** Ce sont les premières eaux noires.

LVII. Après ces eaux, tu as vu des eaux lumineuses : c'est la source d'Abraham, de ses descendants, de son fils, du fils de son fils et de leurs pareils. **2.** Parce qu'en ce temps-là, la Loi non écrite était nommée parmi eux,
    Les œuvres des commandements furent alors
        accomplies,

Et l'espérance du monde qui allait être renouvelé s'est alors construite,
Et la promesse de la vie à venir a été implantée.
3. Voici les eaux lumineuses que tu as vues. LVIII. Et les troisièmes eaux noires que tu as vues,
Il s'agit du mélange de tous les péchés commis par les nations après la mort de ces justes, et de la méchanceté du pays d'Égypte, où l'on a agi méchamment dans le service qu'on a fait servir à ses fils. *2.* Néanmoins, ces derniers périrent aussi à la fin.

LIX. Les quatrièmes eaux lumineuses que tu as vues sont l'avènement de Moïse, d'Aaron, de Miriam, de Josué, fils de Nun, de Caleb, et de tous ceux qui leur ressemblent. *2.* Car en ce temps-là, la lampe de la Loi éternelle a brillé sur tous ceux qui étaient assis dans les ténèbres, annonçant à ceux qui croient la promesse de leur récompense, et à ceux qui nient, le supplice du feu qui leur est réservé. *3.* En ce temps-là, les cieux furent ébranlés, et ceux qui étaient sous le trône du Puissant furent troublés, lorsqu'il prit Moïse avec lui. *4.* Car il lui adressa de nombreuses recommandations, concernant les principes de la **loi** et la fin des **temps**, comme à toi, ainsi que le modèle de Sion et ses mesures, **sur lequel** devait être construit **le sanctuaire** du temps présent. *5.* Puis il lui montra les dimensions du feu, les profondeurs de l'abîme, le poids des vents et le nombre des gouttes de pluie. *6.* Il lui montra l'étouffement de la colère, l'abondance de la longanimité, et la vérité du jugement. 7. La racine de la sagesse, la richesse de l'intelligence, et la source de la connaissance ; 8. la hauteur de l'air, et l'étendue de la terre ; 9. l'étendue de la terre, et l'étendue de la terre.

la grandeur du Paradis, la consommation des siècles, et le commencement du jour du jugement ; 9. le nombre des offrandes, et les terres qui n'ont pas encore été créées. 10. La bouche de la géhenne, la station de la vengeance, le lieu de la foi et la région de l'espérance ;

11. L'aspect des tourments futurs, la multitude des anges innombrables, les armées de flammes, la splendeur des éclairs, la voix des tonnerres, les ordres des **chefs** des anges, les trésors de lumière, les changements de temps et les recherches de la loi. **12.** Voici les quatrièmes eaux brillantes que tu as vues.

LX. Les cinquièmes eaux noires que tu as vues pleuvoir, ce sont les œuvres des Amorrhéens, les sortilèges de leurs incantations, la méchanceté de leurs mystères et le mélange de leurs pollutions. **2.** Israël même était alors souillé par les péchés, à l'époque des **juges**, bien qu'il eût vu de nombreux signes venant de celui qui l'avait créé.

LXI. Les sixièmes eaux brillantes que tu as vues, c'est le temps où naquirent David et Salomon.

2. En ce temps-là, on bâtit Sion,
  Et l'on consacra le sanctuaire,
  Et l'effusion d'une grande quantité de sang pour les nations qui péchèrent alors,
  Et les nombreuses offrandes qui furent présentées lors de la dédicace du sanctuaire.
3. La paix et la tranquillité régnaient alors.
4. La sagesse se fit entendre dans l'assemblée,
  Et les richesses de la compréhension se sont multipliées dans les assemblées,
5. Les fêtes ont été célébrées dans la joie et la bonne humeur,

6. Le jugement des gouvernants s'est alors révélé sans faille ,
Et la justice des préceptes du Puissant s'est accomplie dans la vérité,
7. Le pays était alors aimé de **l'Éternel**,
Et parce que ses habitants n'ont pas péché, elle a été glorifiée au-delà de tous les pays,
La ville de Sion régnait alors sur tous les pays et toutes les régions.
8. Ce sont les eaux lumineuses que tu as vues. LXII.

et les septièmes eaux noires que tu as vues, c'est la perversion causée par le conseil de Jéroboam, qui voulut faire deux veaux d'or. **2.** Et toutes les iniquités qu'ont commises les rois qui ont été après lui. **3.** La malédiction de Jézabel, et le culte des idoles qu'Israël pratiquait alors. **4.** Le refus de la pluie, et les famines qui se sont succédé jusqu'à ce que les femmes aient mangé le fruit de leurs entrailles. **5.** Le temps de leur captivité, qui arriva aux neuf tribus et demie, parce qu'elles avaient commis beaucoup de péchés. 6. Salmanasar, roi d'Assyrie, vint et les emmena captifs. 7. Quant aux païens, il serait fastidieux de dire qu'ils ont toujours pratiqué l'impiété et la méchanceté, et qu'ils n'ont jamais pratiqué la justice. **8.** Ce sont les septièmes eaux noires que tu as vues.

LXIII. Les huitièmes eaux lumineuses que tu as vues, c'est la droiture et l'honnêteté d'Ézéchias, roi de Juda, et la **grâce** (de Dieu) qui l'a saisi. **2.** Car Sennachérib s'excitait pour périr, et sa colère le troublait pour qu'il pérît, à cause de la multitude des nations qui étaient avec lui. **3.** Le roi Ézéchias apprit ce que le roi d'Assyrie méditait pour s'emparer de lui et faire périr son peuple.

Ézéchias se confia dans ses oeuvres, il espéra en sa justice, il s'entretint avec le Puissant, et dit : **4.** Voici, Sennachérib est prêt à nous détruire, et il s'enorgueillira et s'élèvera quand il aura détruit Sion. Voici, Sennachérib se prépare à nous détruire, et il s'enorgueillira et s'élèvera quand il aura détruit Sion.
    5. Le Puissant l'écouta, car Ézéchias était sage,
    Il eut égard à sa prière, parce qu'il était juste.
    6. Alors le Puissant donna l'ordre à Ramiel, son ange, de parler avec toi. **7.** Je sortis et je détruisis leur multitude, dont le nombre des seuls chefs était de cent quatre-vingt-cinq mille, et chacun d'eux avait un nombre égal. **8.** En ce temps-là, je brûlai leurs corps à l'intérieur, mais je conservai à l'extérieur leurs vêtements et leurs armes, afin de faire connaître les hauts faits du Puissant et de faire entendre son nom sur toute l a terre. **9.** Sion a été sauvée, Jérusalem a été délivrée, et Israël a été délivré de la tribulation. **10.** Tous ceux qui étaient dans la terre sainte se réjouirent, et le nom du Puissant fut glorifié, au point qu'on en parlait.

II. Ce sont les eaux vives que tu as vues.

LXIV. Les neuvièmes eaux noires que tu as vues, c'est toute la méchanceté qui existait du temps de Manassé, fils d'Ézéchias. *2.* Car il a commis beaucoup d'impiétés, il a tué des justes, il a violé des jugements, il a répandu le sang des innocents, il a souillé les femmes qu'il épousait, il a renversé les autels, il a détruit leurs offrandes, et il a chassé les sacrificateurs, afin qu'ils ne fissent pas le service dans le sanctuaire. *3.* Il fit une statue à cinq faces, dont quatre regardaient les quatre vents, et la cinquième, placée sur le sommet de la statue, était un signe de paix.

adversaire du zèle du Puissant. **4.** La colère sortit de devant le Puissant, afin que Sion fût déracinée, comme cela arriva de votre temps. **5.** Contre les deux tribus et demie, on décréta qu'elles seraient aussi emmenées en captivité, comme tu l'as vu. 6. L'impiété de Manassé s'accrut au point d'éloigner du sanctuaire les louanges du Très-Haut. 7. C'est pourquoi Manassé fut appelé en ce temps-là "l'impie", et il finit par demeurer dans le feu. 8. Bien que sa prière ait été entendue du Très-Haut, le fait qu'il ait été jeté dans le cheval d'airain et que le cheval d'airain se soit fondu lui a servi de signe à ce moment-là. 9. Car il n'a pas vécu parfaitement, parce qu'il n'en était pas digne, mais c'est pour savoir ensuite par qui il devait être tourmenté. **10.** Car celui qui peut faire du bien peut aussi tourmenter.

LXV. C'est ainsi d'ailleurs que Manassé a agi avec impiété, et qu'il a cru qu'en son temps le Puissant ne s'occuperait pas de ces choses. *2.* Ce sont les neuvièmes eaux noires que tu as vues.

LXVI. Et les dixièmes eaux brillantes que tu as vues : c'est la pureté des générations de Josias, roi de Juda, qui fut le seul en ce temps-là à se soumettre au Puissant de tout son coeur et de toute son âme.
2. Il purifia le pays des idoles, il sanctifia tous les ustensiles souillés, il rétablit les offrandes sur l'autel, il éleva la voix des saints, il exalta les justes, il glorifia tous ceux qui avaient de l'intelligence, il ramena les sacrificateurs à leur ministère, il détruisit et fit disparaître du pays les magiciens, les enchanteurs et les nécromanciens. **3.** Non seulement il fit périr les impies qui vivaient, mais il enleva des sépulcres les ossements des morts, et il les brûla.

avec le feu. **4.** [Il brûla au feu les fêtes et les sabbats, et ceux qui étaient souillés ; il brûla au feu les prophètes menteurs qui trompaient le peuple, et le peuple qui les écoutait du vivant de ces prophètes, il les jeta dans le torrent de Cédron, et il amassa des pierres sur eux. **5.** Il déploya de toute son âme le zèle du Puissant, et lui seul fut ferme dans la loi en ce temps-là ; il ne laissa dans tout le pays aucun incirconcis ni aucun impie, pendant toute la durée de sa vie. **6. C'est pourquoi** il recevra une récompense éternelle, et il sera glorifié avec le Puissant, au-delà de beaucoup, à une époque ultérieure. **7.** C'est pour lui et pour ceux qui lui ressemblent qu'ont été créées et préparées les gloires honorables dont tu as été informé. **8.** Voici les eaux lumineuses que tu as vues.

LXVII. Les onzièmes eaux noires que tu as vues : c'est la calamité qui frappe maintenant Sion.
 2. Penses-tu que les anges n'éprouvent pas
   d'angoisse en présence du Puissant ?
  Cette Sion a été ainsi délivrée,
  Et voici que les païens se glorifient dans leur
  cœur, Qu'ils **s'assemblent** devant leurs
   idoles, et qu'ils disent :
  Elle est foulée aux pieds, elle qui a souvent été foulée aux pieds,
Et elle a été réduite à la servitude qui a réduit (les autres)? '
 3. Penses-tu que le Très-Haut se réjouisse de ces choses ?
  Ou que son nom soit glorifié ?
 4. [Mais comment cela servira-t-il à son juste
   jugement ?].
 5. Après cela, les dispersés parmi les païens seront saisis
  par la tribulation ,
En tout lieu, ils habiteront dans l'opprobre.

6. Jusqu'à ce que Sion soit livrée, Et que Jérusalem soit dévastée, Les idoles prospèrent dans les villes des nations, La vapeur de la fumée de l'encens de la justice par la loi s'est éteinte dans Sion, Et dans la région de Sion, en tout lieu, voici la fumée de l'impiété.
7. Mais le roi de Babylone, qui a détruit Sion, se lèvera, Et il s'enorgueillira devant le peuple, Et il dira de grandes choses dans son coeur, en présence du Très-Haut.
8. Mais lui aussi finira par tomber.
9. Ce sont les eaux noires.

LXVIII. Et les douzièmes eaux lumineuses que tu as vues : voilà la parole. *2.* Car, après ces choses, un temps viendra où ton peuple sera dans la détresse, au point qu'il courra tous ensemble le risque de périr. 3. Mais ils seront sauvés, et leurs ennemis tomberont devant eux. 4. Et ils auront, en temps voulu, une grande joie. 5. En ce temps-là, après un court intervalle, Sion sera rebâtie, ses offrandes seront rétablies, les sacrificateurs reprendront leur ministère, et les païens viendront de nouveau la glorifier. 6. Mais ce ne sera pas tout à fait comme au commencement. 7. Après ces choses, il y aura une chute de beaucoup de nations. 8. Ce sont les eaux lumineuses que tu as vues.

LXIX. Car les dernières eaux que tu as vues et qui étaient plus sombres que toutes celles qui les avaient précédées, celles qui sont postérieures au douzième nombre et qui ont été rassemblées, appartiennent au monde entier. *2.* Car le Très-Haut a fait la division dès le commencement, parce que lui seul sait ce qui doit arriver. 3. Car, en ce qui concerne les énormités **et les**

les impiétés qui devaient être commises devant lui, il en a prévu six sortes. **4.** Quant aux bonnes oeuvres des justes qui devaient s'accomplir devant lui, il en prévoyait six sortes, outre celles qu'il devait accomplir à la consommation du siècle. 5. C'est pourquoi il n'y a pas eu d'eaux noires avec des eaux noires, ni d'eaux vives avec des eaux vives, car c'est la consommation.

LXX. Écoutez donc l'interprétation des dernières eaux noires qui doivent venir [après le noir] : c'est la parole
Les jours viennent, et il en sera ainsi quand le temps de l'âge aura mûri,
    Et la récolte de ses mauvaises et bonnes semences est arrivée,
    Le Puissant fera tomber sur la terre, sur ses habitants et sur ses gouvernants
    Perturbation de l'**esprit** et stupeur du cœur.
3. Ils se haïront les uns les autres,
    Et ils s'exciteront les uns les
    autres à la guerre,
    Le méchant domine sur l'homme d'honneur,
    Et ceux qui sont de basse condition seront glorifiés au-dessus des plus illustres,
4. Et le grand nombre sera livré entre les mains du petit nombre,
    Ceux qui ne sont rien domineront sur les puissants, Et les pauvres seront plus riches que les riches,
    Et les impies s'élèvent au-dessus des héroïques,
5. Les sages se taisent, Et les
    insensés parlent,
    La pensée des hommes ne s'affermira pas, Ni le
    conseil des **puissants**,
    L'espérance de ceux qui espèrent ne sera pas non plus confirmée ;
6. Il en sera de même lorsque les choses prédites se seront accomplies,
    Cette confusion s'abattra sur tous les hommes,

Certains d'entre eux tomberont au combat,
Certains d'entre eux périront dans l'angoisse,
Certains d'entre eux seront **détruits** par les leurs.
7. Alors le Très-Haut fera connaître les peuples qu'il a préparés à l'avance,
Ils viendront faire la guerre aux chefs qui resteront.
8. Quiconque échappera à la guerre mourra dans le tremblement de terre, quiconque échappera au tremblement de terre sera brûlé par le feu, et quiconque échappera au feu **sera détruit** par la famine. [9. Quiconque, parmi les vainqueurs et les vaincus, échappera à toutes ces choses sera remis entre les mains de Mon serviteur le Messie]. *10*. Car toute la terre dévorera ses habitants.

LXXI. La terre sainte aura pitié d'elle, Et elle protégera ses habitants en ce temps-là.
2. Voici la vision que tu as eue, et en voici l'interprétation. **3**. Car je suis venu te dire ces choses, parce que ta prière a été exaucée par le Très-Haut. LXXII. Voici ce qu'il faut entendre au sujet de l'**éclair** lumineux qui doit venir à la consommation, après ces eaux noires : *2*. Après l'arrivée des signes dont tu as été informé, lorsque les nations deviendront turbulentes et que le temps de mon Messie sera venu, il convoquera toutes les nations, en épargnera certaines et en tuera d'autres. **3**. Ces choses arriveront donc aux nations qu'il épargnera. **4**. Toute nation qui ne connaît pas Israël, et qui n'a pas foulé aux pieds la postérité de Jacob, sera épargnée. **5**. Et cela, parce qu'une partie de chaque nation sera soumise à ton peuple.
6. Mais tous ceux qui auront dominé

qui t'ont gouverné ou qui t'ont connu, seront livrés à l'épée.
LXXIII   . Il en sera a i n s i quand il aura abaissé tout ce qui est dans le monde.

Et il s'est assis en paix pour les siècles des siècles sur le trône de son royaume,
La joie se révélera alors, et le
repos apparaîtra ;
2. Alors la guérison descendra en rosée,
Et la maladie se retirera,
Les inquiétudes, les angoisses et les lamentations disparaîtront du milieu des hommes,
L'allégresse se répandra sur toute la terre ;
3. Personne ne mourra plus prématurément, Et aucun malheur ne surviendra plus soudainement,
4. Les jugements, les injures, les querelles et les vengeances,
Et le sang, et les passions, et l'envie, et la haine,
Tout ce qui est semblable à ces choses-là sera condamné lorsqu'elles auront disparu.
5. Car ce sont ces mêmes choses qui ont rempli ce monde de maux,
Et à cause de cela, la vie de l'homme a été très perturbée.
6. Les bêtes sauvages viendront de la forêt et serviront les hommes,
Les aspics et les dragons sortiront de leur tanière pour se soumettre à un petit enfant,
7. Et les femmes ne souffriront plus lorsqu'elles enfanteront,
Elles ne souffriront pas non plus de tourments lorsqu'elles produiront le fruit de leurs entrailles.
LXXIV. En ces jours-là, les moissonneurs ne se lasseront pas,

Ni ceux qui construisent ne sont usés par le travail ;
Car les œuvres progresseront d'elles-mêmes rapidement Avec ceux qui les accomplissent en toute tranquillité.
2. Car ce temps est la consommation de ce qui est corruptible,
Et le commencement de ce qui n'est pas corruptible.
3. C'est pourquoi les choses qui ont été prédites lui appartiendront ;
C'est pourquoi il est loin des maux, et proche des choses qui ne meurent pas.
4. C'est l'éclair lumineux qui est venu après les dernières eaux sombres".

LXXV. **L'hymne de Baruch.**

LXXV. Je répondis et dis :
" Qui peut **comprendre,** Seigneur, ta bonté ? Car elle est incompréhensible.
2. Ou qui peut chercher dans tes compassions, qui sont infinies ?
3. Ou qui peut comprendre Votre intelligence ?
4. Ou qui est capable de raconter les pensées de ton esprit?
5. Ou qui, parmi ceux qui sont nés, peut espérer parvenir à ces choses,
A moins qu'il ne s'agisse d'une personne envers laquelle tu es miséricordieux et bienveillant ?
6. Car, certes, tu n'as pas eu pitié de l'homme,
Ceux qui sont sous ta droite n'ont pas pu accéder à ces choses,
Mais ceux qui font partie des numéros cités peuvent être appelés.
7. Mais si nous, qui existons, savons pourquoi nous sommes venus,
Et nous soumettre à Celui qui nous a fait sortir d'Égypte,

Nous reviendrons et nous nous souviendrons des choses passées,
Il se réjouit de ce qui a été.
8. Mais si maintenant nous ne savons pas pourquoi nous sommes venus.
Et ne reconnaissez pas le principe de Celui qui nous a fait monter d'Égypte,
Nous reviendrons et chercherons les choses qui ont été maintenant,
Et soyez affligés de douleur à cause de ce qui est arrivé".

LXXVI. **Baruch est chargé d'instruire le peuple.**

LXXVI. Il me répondit : " Puisque la révélation de cette vision t'a été interprétée comme tu l'as demandé, écoute la parole du Très-Haut, afin que tu saches ce qui t'arrivera après ces choses. 2. Car tu quitteras la terre, mais non pour mourir, et **tu seras conservé jusqu'à la consommation** des temps. 3. Monte donc au sommet de cette montagne, et là passeront devant toi toutes les contrées de c e pays, la figure du monde habité, les sommets des montagnes, les profondeurs des vallées, les profondeurs des mers, et le nombre des fleuves, afin que tu voies ce que tu quittes, et où tu vas. 4. Cela arrivera au bout de quarante jours. 5. Va donc, pendant ces jours, instruire le peuple autant que tu le pourras, afin qu'il apprenne à ne pas mourir dans les derniers temps, mais qu'il apprenne à vivre dans les derniers temps.

LXXVII. 1-16. **Admonition de Baruch au peuple.**

LXXVII. Moi, Baruch, je partis de là, j'allai vers le peuple, je l'assemblai du plus grand au plus petit, et je lui dis : 2. "Écoutez, enfants de

Israël, voyez combien vous êtes, vous qui restez des douze tribus d'Israël. **3.** Car c'est à vous et à vos pères que le Seigneur a donné une loi plus excellente qu'à tous les peuples. **4.** Et parce que vos frères ont transgressé les commandements du Très-Haut,
   Il s'est vengé de vous et d'eux,
   Et il n'a pas épargné les premiers,
   Il emmena ces derniers en captivité,
   Et il n'en laissa pas un seul reste.
  5. Et voici que vous êtes ici avec moi ;
  6. Si donc vous dirigez bien vos voies
   Vous ne partirez pas comme vos frères, mais ils viendront à vous.
  7. Car il est miséricordieux, celui que
   vous adorez, et il est bienveillant,
   celui en qui vous espérez,
   Et Il est véridique, de sorte qu'Il fera le bien et non le mal.
  8. N'avez-vous pas vu ici ce qui est arrivé à Sion ?
  9. Ou bien pensez-vous que le lieu a péché, et que c'est
   pour cela qu'il a été renversé ?
   Ou que le pays avait produit de la folie, et
   qu'il a été livré pour cette raison ?
  10. Ne savez-vous pas qu'à cause de vous, qui avez
   péché, ce qui n'a pas péché a été renversé ?
   Et à cause de ceux qui ont fait le mal,
   Celui qui n'était pas insensé a été livré à (ses) ennemis ? "
11. Tout le peuple répondit et me dit : "Nous nous souvenons des bienfaits que le Puissant nous a faits, et nous nous en souvenons ; et ce dont nous ne nous souvenons pas, il le sait, dans sa miséricorde. **12.** Cependant, fais ceci pour nous, ton peuple : écris aussi à nos frères de Babylone une épître de doctrine et une

d'espérance, afin que tu les confirmes avant de nous quitter.
13. Car les bergers d'Israël ont disparu,
Et les lampes qui éclairaient s'éteignent,
Les fontaines ont cessé de couler, et nous nous y abreuvions.
14. Et nous restons dans les ténèbres, Au milieu des arbres de la forêt, Et de la soif du désert".
15. Je leur ai répondu et leur ai dit :
" Les bergers, les lampes et les fontaines viennent de la Loi ;
Si nous nous éloignons, la loi demeure.
16. Si donc vous avez du respect pour la loi,
Et si vous recherchez la sagesse,
La lampe ne manque pas,
Le **berger** ne manque pas,
Et la source ne tarit jamais.

LXXVII. 17-26. **L'envoi des épîtres.**

17. Mais, comme vous me l'avez dit, j'écrirai aussi à vos frères de Babylone, et je les enverrai par l'intermédiaire d'hommes ; j'écrirai de même aux neuf tribus et demie, et je les enverrai par l'intermédiaire d'un oiseau. 18. Le vingt et unième jour du huitième mois, moi, Baruc, je vins m'asseoir sous le chêne, à l'ombre des branches ; il n'y avait personne avec moi, et j'étais seul. 19. J'écrivis ces deux épîtres : j'envoyai l'une par un aigle aux neuf tribus et demie, et j'envoyai l'autre à ceux qui étaient à Babylone, par l'intermédiaire de trois hommes.
20. J'appelai l'aigle, et je lui dis ces paroles :
21. " Le Très-Haut t'a créé pour que tu sois plus élevé que tous les oiseaux. *22.* Maintenant, va, ne t'arrête pas en un lieu, n'entre pas dans un nid et ne t'installe pas sur un arbre, jusqu'à ce que tu aies atteint l'âge de la maturité.

Tu as traversé la largeur des grandes eaux du fleuve Euphrate, tu es allé vers le peuple qui l'habite, et tu lui as remis cette épître. *23.* Souviens-toi aussi qu'au moment du déluge, Noé reçut de la colombe le fruit de l'olivier, lorsqu'il l'envoya de l'arche. **24.** De même, les corbeaux servirent Élie et lui apportèrent de la nourriture, comme ils en avaient reçu l'ordre. 25. Salomon aussi, au temps de son règne, partout où il voulait envoyer ou chercher quelque chose, ordonnait à un oiseau de s'y rendre, et celui-ci lui obéissait comme il le lui avait ordonné. *26.* Maintenant, ne te fatigue pas, et ne te tourne ni à droite ni à gauche, mais vole et va par un chemin direct, afin que tu gardes l'ordre du Puissant, comme je te l'ai dit.

LXXVIII.-LXXXVI. **L'épître de Baruch, fils de Nérija, qu'il écrivit aux neuf Tribus et demie.**

LXXVIII. Voici les paroles de l'épître que Baruc, fils de Nérija, envoya aux neuf tribus et demie qui étaient de l'autre côté du fleuve Euphrate, et dans laquelle ces choses ont été écrites. *2.* Ainsi parle Baruc, fils de Nérija, aux frères emmenés en captivité : "Miséricorde et paix. *3.* Je me rappelle, mes frères, l'amour de Celui qui nous a créés, qui nous a aimés dès le commencement, qui ne nous a jamais haïs, mais qui, avant tout, nous a éduqués. 4. Je sais, en vérité, que nous tous, les douze tribus, nous sommes unis par un même lien, puisque nous sommes nés d'un même père. *5.* C'est pourquoi j'ai pris soin de vous laisser les paroles de cette épître avant de mourir, afin que vous soyez consolés des maux qui vous sont arrivés, et que vous soyez attristés du malheur qui a frappé vos frères, et aussi afin que vous justifiiez le jugement qu'il a prononcé contre vous en vous emmenant en captivité, car ce que vous avez souffert est disproportionné par rapport à ce que vous avez subi.

ce que vous avez fait, afin qu'aux derniers temps vous soyez trouvés dignes de vos pères. **6.** Si donc vous considérez que vous avez souffert ces choses pour votre bien, afin de ne pas être finalement condamnés et tourmentés, alors vous recevrez l'espérance éternelle ; si surtout vous détruisez de votre cœur la vaine erreur à cause de laquelle vous êtes partis d'ici. **7.** Si vous agissez ainsi, il se souviendra toujours de vous, lui qui a toujours promis à ceux qui étaient plus excellents que nous, qu'il ne nous oubliera ni ne nous abandonnera jamais, mais qu'il rassemblera avec beaucoup de miséricorde ceux qui ont été dispersés.

LXXIX. Maintenant, mes frères, apprenez d'abord ce qui est arrivé à Sion : comment Nabuchodonosor, roi de Babylone, est monté contre nous. **2.** Car nous avons péché contre celui qui nous a faits, et nous n'avons pas gardé les commandements qu'il nous avait prescrits ; mais il ne nous a pas châtiés comme nous le méritions. **3.** Car ce qui vous est arrivé, nous le subissons aussi à un degré plus élevé, puisque cela nous est arrivé à nous aussi.

LXXX. Maintenant, mes frères, je vous déclare que, lorsque l'ennemi eut cerné la ville, les anges du Très-Haut furent envoyés, et qu'ils renversèrent les fortifications de la muraille, et qu'ils détruisirent les angles de fer, qui ne pouvaient être déracinés. **2.** Mais ils cachèrent **tous les** ustensiles du sanctuaire, de peur que **l'ennemi** ne **s'en emparât**. **3.** Après avoir fait ces choses, ils livrèrent à l'ennemi la muraille renversée, la maison pillée, le temple incendié, et le peuple qui avait été vaincu parce qu'il avait été livré, afin que l'ennemi ne se glorifiât pas et ne pût pas dire : C'est par la force que nous avons pu dévaster la maison du Très-Haut pendant la guerre. **4.** Ils ont lié et emmené à Babylone vos frères, et ils les ont fait habiter dans cette ville. **5.** Et nous, nous sommes restés ici, en petit nombre. **6.** C'est la tribulation dont il s'agit que je vous ai écrit. **7.** Je sais, en effet, que les habitants de Sion vous consolent, et que, dans la mesure où vous avez su qu'elle était prospère, votre consolation a été plus grande que la tribulation que vous avez éprouvée en vous éloignant d'elle.

LXXXI. Pour ce qui est de la consolation, écoutez la parole. **2.** Car je pleurais sur Sion, et j'implorais la miséricorde du Très-Haut, et je disais :

3. Combien de temps ces choses dureront-
elles pour nous ?
Et ces maux nous atteindront-ils toujours ?
4. Le Puissant a agi selon la multitude de ses
compassions,
Et le Très-Haut, selon la grandeur de sa compassion.
Il m'a révélé la parole, afin que je reçoive une
consolation.
Et il m'a montré des visions pour que je n'endure plus
d'angoisse.
Il m'a fait connaître le mystère des temps,
Et il m'a montré l'avènement des heures.

LXXXII. C'est pourquoi, mes frères, je vous ai écrit, afin que vous vous consoliez de la multitude de vos tribulations. **2.** Sachez, en effet, que notre Créateur nous vengera certainement de tous nos ennemis, selon tout ce qu'ils nous ont fait, que la consommation que le Très-Haut fera est très haute, et que sa miséricorde qui vient, et la consommation de son jugement, ne sont nullement éloignées.

3. Car voici, nous voyons maintenant la multitude de la
prospérité des nations,
S'ils agissent avec impiété,
Ils seront comme une vapeur.
4. Nous voyons l'étendue de leur puissance,
Et ils font le mal,

Mais ils seront rendus semblables à une goutte d'eau.
5. Nous voyons la fermeté de leur force,
Ils résistent chaque heure au Puissant,
Mais ils sont réduits à l'état de salive.
6. Et nous considérons la gloire de leur grandeur,
S'ils n'observent pas les lois du Très-Haut,
Ils passent comme de la fumée.
7. Et nous méditons sur la beauté de leur grâce,
Bien qu'ils aient à voir avec les pollutions,
Mais comme l'herbe qui se fane, ils se fanent.
8. Et nous considérons la force de leur cruauté,
Bien qu'ils ne se souviennent pas de la fin,
Mais ils seront brisés comme une vague qui passe,
9. Et nous remarquons la vantardise de leur puissance,
Bien qu'ils nient la bienfaisance de Dieu qui leur a donné,
Mais ils disparaîtront comme un nuage qui passe.
LXXXIII. [Car le Très-Haut hâtera ses temps,
Et il ne manquera pas de faire venir ses heures.
2. Et il jugera certainement ceux qui sont dans son monde,
et visitera en vérité toutes choses au moyen de toutes leurs œuvres cachées.
3. Il examinera les pensées secrètes,
Et ce qui est renfermé dans les chambres secrètes de tous les membres de l'homme,
Il les fera connaître à tous par des réprimandes.
4. Qu'aucune de ces choses présentes ne monte donc dans vos cœurs ; mais surtout soyons dans l'attente, car ce qui nous a été promis arrivera. 5. Ne regardons pas maintenant aux délices des païens, mais rappelons-nous ce qui nous a été promis pour la fin. 6.

Car les fins des temps et des saisons, et tout ce qui les accompagne, passeront ensemble.

7. De plus, la consommation du siècle montrera alors la grande puissance de son chef, lorsque toutes choses seront jugées. **8.** Préparez donc vos coeurs à ce que vous croyiez auparavant, de peur que vous ne soyez asservis dans les deux mondes, et que vous ne soyez emmenés captifs ici et tourmentés là. **9.** Car ce qui existe maintenant, ce qui est passé, ce qui est à venir, dans toutes ces choses, le mal n'est pas pleinement mauvais, et le bien n'est pas pleinement bon.

10. Car toutes les santés de cette époque se transforment en maladies,

11. Et toute la puissance de ce temps se transforme en faiblesse, Et toute la force de ce temps se transforme en impuissance,

12. Et toute l'énergie de la jeunesse se transforme en vieillesse et en consommation,

Et toute la beauté de la grâce de cette époque se fane et devient détestable,

13. Et toute domination orgueilleuse du présent se transforme en humiliation et en honte ,

14. Et toute louange de la gloire de ce temps se transforme en honte du silence,

Et toute la vaine splendeur et l'insolence de ce temps se transforment en une ruine sans voix,

15. Et tout plaisir et toute joie de ce temps se transforment en vers et en corruption,

16. Et toutes les clameurs de l'orgueil de ce temps se transforment en poussière et en silence,

17. Toutes les richesses de ce temps sont jetées dans le séjour des morts,

18. Et tous les viols passionnels de cette époque se transforment en mort involontaire,

Et chaque passion des désirs de ce temps se transforme en un jugement de tourment ;
19. Et tous les artifices et toutes les ruses de ce temps se transforment en preuves de la vérité ,
20. Et toutes les douceurs des onguents de ce temps se transforment en jugement et en condamnation,
21. Et tout amour du mensonge se transforme en contestation par la vérité .
22. Puisque toutes ces choses se font maintenant, quelqu'un pense-t-il qu'elles ne seront pas vengées ? 23. Mais la consommation de toutes choses arrivera à la vérité].

LXXXIV. Voici ! Je vous ai fait connaître ces choses de mon vivant, car j'ai dit que vous deviez apprendre les choses excellentes, car le Puissant a ordonné de vous instruire, et je vous présenterai, avant de mourir, quelques-uns des commandements de son jugement.
2. Rappelez-vous qu'autrefois Moïse a pris à témoin contre vous le ciel et la terre, et qu'il a dit : "Si vous transgressez la loi, vous serez dispersés ; mais si vous l'observez, vous serez gardés". 3. Il vous disait encore d'autres choses, lorsque vous, les douze tribus, étiez réunies dans le désert. 4. Après sa mort, vous les avez rejetées loin de vous ; c'est pourquoi il vous est arrivé ce qui avait été prédit. 5. Moïse vous l'annonçait avant qu'il vous arrivât quelque chose, et voici qu'il vous est arrivé, parce que vous avez abandonné la loi. 6. Voici ! Je vous dis aussi, après que vous aurez souffert, que si vous obéissez à ce qui vous a été dit, vous recevrez du Puissant ce qui vous a été réservé. 7. Que cette épître serve de témoignage entre moi et vous, afin que vous vous souveniez des commandements du Puissant, et que je puisse me défendre devant celui qui m'a envoyé. 8. Souvenez-vous de la loi, de Sion, de la terre sainte, de vos frères, et de l'alliance de la paix.

vos pères, et n'oubliez pas les fêtes et les sabbats.
9. Vous remettrez cette épître et les traditions de la loi à vos fils après vous, comme vos pères vous les ont remises.
10. En tout temps, demandez avec persévérance et priez de tout votre coeur, afin que le Puissant se réconcilie avec vous, et qu'il ne tienne pas compte de la multitude de vos péchés, mais qu'il se souvienne de la droiture de vos pères.
11. Car s'il ne nous juge pas selon la multitude de ses miséricordes, malheur à tous ceux qui sont nés.

LXXXV. [Sachez, en outre, que
Autrefois et dans les générations antérieures, nos pères avaient des aides,
Les hommes justes et les saints prophètes ;
2. En outre, nous étions dans notre
propre pays, et ils nous ont aidés
lorsque nous avons péché.
Et ils ont intercédé pour nous auprès de celui qui nous a faits, parce qu'ils se sont confiés dans leurs oeuvres,
Le Puissant a entendu leur prière et nous a pardonné.
3. Mais maintenant les justes sont
rassemblés Et les prophètes se sont
endormis,
Nous aussi, nous avons quitté le pays, Et Sion
nous a été enlevée ;
Et nous n'avons rien d'autre que le Puissant et sa loi.
4. Si donc nous dirigeons et disposons nos
cœurs, nous recevrons tout ce que nous avons
perdu,
Et bien mieux que ce que nous avons perdu à de nombreuses reprises.
5. Car ce que nous avons perdu a été soumis à la
corruption, Et ce que nous recevrons ne sera pas
corruptible.
6. De plus, j'ai écrit à nos frères de Babylone, afin de leur attester ces mêmes choses.

7. Que toutes ces choses soient toujours présentes à l'esprit,
Parce que nous sommes encore dans l'esprit et la force de notre liberté.
8. De plus, ici aussi, le Très-Haut fait preuve de longanimité à notre égard,
Il nous a montré ce qui doit être,
Il ne nous a pas caché ce qui arrivera à la fin.
9. Avant, donc, que le jugement soit exact, Et la vérité ce qu'elle doit être,
Préparons notre âme,
Pour que nous puissions entrer en possession, et non être pris en possession,
Et pour que nous puissions espérer et ne pas avoir honte,
Afin que nous nous reposions avec nos pères, et que nous ne soyons pas tourmentés par nos ennemis.
10. Car la jeunesse du monde est révolue,
Et la force de la création est déjà épuisée, Et l'avènement des temps est très court.
Oui, ils sont passés ;
La cruche est près de la citerne, Et le navire près du port,
Le voyage vers la ville, la vie jusqu'à son terme,
11. Préparez aussi vos âmes, afin que, lorsque vous naviguerez et monterez du navire, vous puissiez vous reposer et ne pas être condamnés au moment du départ. 12. Car voici, le Très-Haut accomplira toutes ces choses,
Il n'y aura plus là de lieu de repentance, ni de limite aux temps.
Ni une durée pour les heures, ni un changement de voie,
Ni lieu de prière,

Ni envoi de pétitions, ni réception de connaissances,
Ni don d'amour,
Ni lieu de repentance pour l'âme,
Ni supplication pour les offenses,
Ni l'intercession des pères,
Ni la prière des prophètes,
Ni le secours des justes.
13. Il y a là la sentence de la corruption, la voie du feu,
Et le chemin qui mène à la géhenne.
14. C'est pourquoi il y a une seule loi par un seul, un seul âge et une fin pour tous ceux qui y sont.
15. Il préservera alors ceux qu'il peut pardonner,
Et en même temps détruire ceux qui sont souillés par les péchés].

LXXXVI. Lorsque vous aurez reçu cette épître, lisez-la avec soin dans vos assemblées. **2.** Et méditez-la, surtout les jours de jeûne. **3.** Souvenez-vous de moi par cette épître, comme je me soucie de vous par elle, et portez-vous toujours bien.

LXXXVII. **Envoi de l'épître aux neuf tribus et demie.**

LXXXVII. Lorsque j'eus terminé tous les mots de cette épître et que je l'eus écrite avec soin jusqu'à la fin, je la pliai, je la scellai soigneusement, je la liai au cou de l'aigle, je la renvoyai et je l'expédiai.

ICI S'ACHÈVE LE LIVRE DE BARUCH, FILS DE NERIAH.